GUARDIÁN EN EL MURO

Un mapa completo de la escatología bíblica,
de los fundamentos al Apocalipsis explicado

Diego Arturo Meza Ferreira

A los que velan.
A los que, en medio de la confusión de estos tiempos,
prefieren la Palabra antes que la opinión,
y la vigilancia antes que el miedo.

GUARDIÁN EN EL MURO

Un mapa completo de la escatclogía bíblica

Citas bíblicas: Reina-Valera 1960 (RVR60) / Biblia de las Américas (LBLA), salvo indicación contraria.

ISBN: 978-99989-1-870-2 (Impresa)
ISBN: 978-99989-1-871-9 (Digital)

Primera edición, 2026

Índice de contenido

PRÓLOGO

El oficio del centinela

— * —

«Hijo de hombre, yo te he puesto por atalaya... oirás la palabra de mi boca, y los amonestarás de mi parte» (Ezequiel 33:7). Ese versículo es el origen del nombre que da título a este libro. Un guardián en el muro no inventa lo que ve: lo señala. No decide cuándo llega el peligro ni cuándo llega la salvación; simplemente se mantiene despierto, conoce las señales y avisa a tiempo. Ese ha sido, durante años, el propósito de este ministerio y de este curso: no especular, no alarmar, sino enseñar con precisión lo que la Escritura misma revela sobre el tiempo final.

Este libro reúne, por primera vez en un solo volumen, el contenido completo de los cinco niveles del curso «Guardián en el Muro»: desde los fundamentos exegéticos de la escatología bíblica hasta el recorrido completo del libro del Apocalipsis, pasando por los patrones del Antiguo Testamento que confirman el plan profético, las preguntas más difíciles de la escatología avanzada, y la aplicación práctica de toda esta doctrina a la vida diaria del creyente. Se añade, como cimiento final, un módulo de teología general: porque ningún estudio profético sostiene su peso si no descansa sobre las verdades básicas de la fe.

Quien tome este libro encontrará una postura teológica clara y sostenida: la distinción entre Israel y la Iglesia, el arrebatamiento de la Iglesia antes de la gran tribulación, y la lectura armonizada de Daniel, Mateo 24 y Apocalipsis como tres testigos de una misma «semana setenta» profética. No se presenta esta postura como la única opción posible —el libro mismo dedica páginas a explicar por qué existen otras escuelas de interpretación—, pero sí se presenta como una posición estudiada, fundamentada versículo por versículo, y sostenida con la misma coherencia a lo largo de sus seis partes y cincuenta y un capítulos.

Una última palabra antes de comenzar: estudiar el fin de los tiempos no debería producir ansiedad, sino lo contrario. Quien conoce el mapa no se pierde en el camino. Quien sabe que Dios ya escribió el final no necesita temer el presente. Ese es, en una frase, el espíritu de todo lo que sigue.

INTRODUCCIÓN

Cómo leer este libro

— * —

Este libro está organizado en seis partes que corresponden, respectivamente, a los cinco niveles del curso original y a un módulo final de teología general. Puede leerse de principio a fin, como un curso completo, o consultarse por temas, ya que cada capítulo conserva su unidad propia. Al final de cada parte se incluye un capítulo de cierre que reúne el material adicional («bonus») de ese nivel.

Cada capítulo sigue, en términos generales, el mismo método: parte de un texto bíblico concreto, lo examina en su idioma original cuando aporta claridad, lo compara con otros pasajes relacionados, y termina con una aplicación pastoral concreta. Las citas bíblicas se dan, en su mayoría, según la Reina Valera 1960 o la Biblia de las Américas (LBLA), y se indica la versión cuando es relevante para el argumento.

A lo largo del libro encontrará, además, breves cuadros comparativos y notas sobre el idioma original. No son adornos: condensan en una sola mirada lo que el texto desarrolla en prosa —las equivalencias entre los sellos de Apocalipsis y Mateo 24, el orden de las resurrecciones, la cronología de las setenta semanas de Daniel — y están pensados para que el lector pueda volver a ellos como un mapa de bolsillo cuando el detalle se vuelva denso. Conviene leerlos despacio: una tabla bien entendida ahorra, muchas veces, varias páginas de confusión.

Una aclaración sobre una palabra que el lector encontrará a menudo en estas páginas. El término griego que el Nuevo Testamento emplea para la reunión de la Iglesia con Cristo es harpázō (1 Tesalonicenses 4:17), que en español se traduce con toda propiedad por «arrebatamiento». Este libro usa siempre esa palabra, y nunca «rapto», porque —aunque ambas pertenezcan a la misma familia— no significan lo mismo, y la diferencia es teológicamente importante. Arrebatar es tomar con fuerza lo que a uno le pertenece; raptar es tomar con fuerza lo que no le pertenece. Cuando Cristo venga por su Iglesia no estará tomando nada ajeno: estará recogiendo lo que compró con su propia sangre y le pertenece por derecho (Hechos 20:28; 1 Corintios 6:20). Por eso, en rigor, la Iglesia no es «raptada» sino «arrebatada»: el Esposo viene a buscar lo suyo.

Un consejo final: no es necesario estar de acuerdo con cada conclusión para beneficiarse de este libro. El verdadero objetivo —como el de cualquier buen guardián— no es imponer una mirada, sino entrenar el ojo para que cada lector pueda volver a la Escritura y examinarla por sí mismo.

PARTE I

FUNDAMENTOS PROFÉTICOS

Las bases del tiempo profético

Dos palabras griegas que lo cambian todo: parusía y episynagōgē.

CAPÍTULO 1

Parusía y Episynagōgē: dos palabras, dos eventos

— * —

Toda la arquitectura de la escatología bíblica puede resumirse, al principio, en la distinción entre dos palabras griegas que aparecen juntas en un solo versículo: «Pero con respecto a la venida de nuestro Señor Jesucristo y nuestra reunión con Él...» (2 Tesalonicenses 2:1, LBLA). «Venida» traduce parousía: la llegada física y pública de un rey, el término técnico que el mundo grecorromano usaba para la visita oficial de un dignatario. «Reunión» traduce episynagōgē: un movimiento hacia arriba, hacia el Señor, palabra que aparece solo dos veces en todo el Nuevo Testamento —aquí y en Hebreos 10:25— lo cual sugiere que Pablo la elige con toda intención.

La diferencia no es un matiz académico. La parousía es la venida de Cristo al mundo: desciende a la tierra, los ejércitos del cielo lo acompañan, sus pies tocan el monte de los Olivos, y comienza el reinado milenial. La episynagōgē es la reunión de los santos con Cristo: ocurre «en el aire» (1 Tesalonicenses 4:17), precede a la ira de Dios, y es la forma en que la Iglesia escapa «de la hora de prueba que ha de venir» (Apocalipsis 3:10). El orden bíblico, leído con atención, es: primero la reunión, después un período de tribulación, y finalmente la venida visible.

Conviene detenerse en el vocabulario que Pablo escoge, porque el idioma original aclara lo que la traducción a veces difumina. En 1 Tesalonicenses 4:17 el apóstol escribe que «seremos arrebatados», y el verbo griego es harpázō: tomar de golpe, apoderarse con fuerza, arrancar de un lugar en un instante. Es el mismo verbo con que el Espíritu «arrebató» a Felipe (Hechos 8:39) y con que el hijo varón de Apocalipsis 12:5 es «arrebatado» hacia el trono de Dios. No describe una partida lenta ni una migración voluntaria, sino una acción soberana y repentina que Dios ejerce sobre los suyos —arrebatar lo propio, no raptar lo ajeno, según la distinción que se aclara al inicio del libro—. La parousía, por su parte, evocaba en el oído del primer siglo una escena muy concreta: la visita oficial de un emperador a una ciudad, cuando los habitantes salían a las afueras a recibirlo y lo escoltaban de regreso en cortejo. Pablo emplea esa misma imagen al decir que saldremos «a recibir al Señor en el aire» (1 Tesalonicenses 4:17), donde «recibir» traduce apántēsis, el término técnico de aquellas comitivas de bienvenida. Dos palabras, dos imágenes: en una somos arrebatados hacia Él; en la otra descendemos con Él.

Sobre esta distinción se construyen tres escuelas de interpretación escatológica. La doctrina pre-tribulacional sostiene que la Iglesia es arrebatada antes de los siete años de tribulación. La mid-tribulacionista ubica ese arrebatamiento a la mitad del período. La pos-tribulacionista identifica la reunión y la venida como un único evento al final. Este libro defiende, con los argumentos que se desarrollarán en los próximos capítulos, la primera posición —no por tradición, sino porque, a juicio de quien escribe, es la que mejor responde a las preguntas que el propio texto de 2 Tesalonicenses 2 plantea: si ambos eventos fueran lo mismo, ¿por qué Pablo los distingue como dos cosas en el mismo versículo? ¿Por qué promete que la Iglesia no está destinada a la ira (1 Tesalonicenses 5:9)? ¿Cómo puede la Iglesia «regresar con Cristo» (1 Tesalonicenses 3:13) en su venida si nunca se fue?

La clave última, que recorrerá todo este libro, es la distinción entre Israel y la Iglesia. Las setenta semanas de Daniel son «para tu pueblo» (Daniel 9:24): un período de disciplina y purificación nacional de Israel. La Iglesia, en cambio, es un misterio revelado a Pablo (Efesios 3:3-6), que no existía en el Antiguo Testamento ni puede ser protagonista de esa última semana profética. Comprender esta distinción no es un ejercicio teórico: es, como veremos, la llave que abre con coherencia el resto de la profecía bíblica.

CAPÍTULO 2

El gran paralelismo: Daniel, Mateo y Apocalipsis

— * —

Muchos lectores de la Biblia abordan Mateo 24, Daniel 9 y Apocalipsis 6 al 19 como si fueran tres relatos independientes, y el resultado casi siempre es confusión. La alternativa que este libro propone es un principio hermenéutico sencillo: la Escritura interpreta a la Escritura, y estos tres textos son paralelos que describen el mismo período de siete años desde tres ángulos complementarios. Daniel aporta la estructura cronológica; Mateo 24, la perspectiva terrena de Israel; Apocalipsis, el panorama celestial completo.

Todo parte de Daniel 9:27: «Y él hará un pacto firme con muchos por una semana, pero a la mitad de la semana pondrá fin al sacrificio y a la ofrenda...». Siete años, divididos en dos mitades de tres años y medio. Jesús mismo confirma esta lectura cuando, en Mateo 24:15, cita directamente a «Daniel el profeta» al hablar de la abominación desoladora. Y Apocalipsis cuenta ese mismo período de tres años y medio de cuatro maneras distintas —cuarenta y dos meses, mil doscientos sesenta días, «tiempo, tiempos y medio tiempo», y tres días y medio para un episodio puntual— como si el Espíritu Santo quisiera confirmar, por triplicado, que se trata siempre del mismo lapso.

El paralelismo entre los sellos de Apocalipsis 6 y los versículos de Mateo 24 es, además, exacto: el jinete blanco del engaño corresponde a «vendrán muchos en mi nombre» (Mateo 24:5); el jinete rojo de la guerra, a «guerras y rumores de guerras» (24:6-7); el jinete negro del hambre, a «habrá hambres» (24:7); y así sucesivamente hasta el sexto sello, que replica las señales cósmicas de Mateo 24:29. Esta confirmación cruzada no es un detalle curioso: es, para quien defiende la inspiración y la coherencia interna de la Escritura, una prueba de que los tres textos describen el mismo evento con precisión casi matemática. El cuadro siguiente lo muestra de un vistazo:

Sello (Apocalipsis 6)	Señal en Mateo 24	Realidad descrita
Primero: jinete en caballo blanco (6:2)	«Vendrán muchos en mi nombre» (24:5)	Engaño religioso, falso mesías
Segundo: caballo rojo (6:4)	«Guerras y rumores de guerras» (24:6-7)	Guerra, se quita la paz de la tierra
Tercero: caballo negro (6:5-6)	«Habrá hambres» (24:7)	Hambre, colapso económico
Cuarto: caballo amarillo (6:7-8)	«Pestes... muertes» (24:7)	Muerte a gran escala

Sello (Apocalipsis 6)	Señal en Mateo 24	Realidad descrita
Quinto: almas bajo el altar (6:9-11)	«Os matarán» (24:9)	Martirio de los santos
Sexto: señales cósmicas (6:12-14)	«El sol se oscurecerá» (24:29)	Conmoción de los cielos

Entre la semana sesenta y nueve y la semana setenta de Daniel existe, además, un paréntesis no revelado al profeta: la era de la Iglesia, ese misterio oculto en el Antiguo Testamento que Pablo desarrolla en Efesios. Las sesenta y nueve semanas terminaron, según el cálculo profético, en la entrada triunfal de Cristo a Jerusalén; la semana setenta no comenzará hasta que el Anticristo firme su pacto con Israel. Entre ambas fechas, Dios no tiene prisa: «para con el Señor un día es como mil años» (2 Pedro 3:8). Comprender este paralelismo no es un ejercicio académico: es la base que permite leer el resto de la profecía bíblica sin contradicciones, porque tres testigos —Daniel, Mateo y Apocalipsis— dicen, en realidad, una sola cosa.

CAPÍTULO 3

Mateo 24: la agenda de Israel, no de la Iglesia

— * —

Pocas preguntas cambian tanto la lectura de un texto bíblico como esta: ¿a quién le habla Jesús en Mateo 24? Los discípulos que le preguntan son judíos preocupados por el Templo (24:1-3); la Iglesia, conviene recordarlo, todavía no existía —nacerá en Pentecostés, capítulos más adelante, en Hechos 2—. El sermón del monte de los Olivos responde, por tanto, desde la perspectiva del reino prometido a Israel, no desde la perspectiva de un Cuerpo de Cristo que aún no se había revelado.

El propio texto ofrece al menos ocho señales de que su audiencia es Israel y no la Iglesia: la abominación se sitúa «en el lugar santo» —el Templo judío— (v.15); la huida es hacia «Judea» (v.16); la preocupación por no huir «en sábado» (v.20) supone observancia judía; «todas las tribus de la tierra» que lamentan (v.30) es lenguaje veterotestamentario; y «esta generación» (v.34) señala a la generación que verá esas señales cumplirse, no a la Iglesia de cualquier época. El propio «evangelio del reino» que se predica «para testimonio a todas las naciones» (v.14) es distinto del «evangelio de la gracia» que Pablo recibió por revelación (Gálatas 1:11-12): uno convoca a Israel hacia su Mesías davídico; el otro forma el Cuerpo de Cristo sin distinción étnica.

Dos de esas señales merecen subrayarse, porque solo cobran sentido pleno dentro del mundo judío. La huida «a los montes» de Judea (v.16) presupone un escenario geográfico concreto: la región montañosa al sur y al oriente de Jerusalén, con sus desiertos y cuevas, el mismo refugio al que David huyó de Saúl y al que la tradición profética asocia el amparo del remanente en el fin (algunos intérpretes piensan incluso en Bosra o Petra, al otro lado del Jordán, a partir de Isaías 63:1 y Apocalipsis 12:14). Y la advertencia de orar «que vuestra huida no sea en invierno ni en sábado» (v.20) carece de sentido para la Iglesia, que no está atada al reposo sabático: solo importa a quien vive bajo la observancia judía, en una tierra donde, en sábado, las puertas se cierran y el viaje se detiene. El detalle, lejos de ser menor, confirma el destinatario: Jesús habla a Israel sobre un tiempo todavía marcado por el calendario y la geografía de Israel.

Una de las frases más debatidas de este capítulo es «uno será tomado, y el otro será dejado» (v.40-41). Leída fuera de contexto, parece describir el arrebatamiento; leída junto al pasaje paralelo de Lucas 17:34-37 —donde los discípulos preguntan «¿dónde, Señor?» y Jesús responde con la imagen de las águilas, aves de rapiña que se juntan sobre un cuerpo—, la lectura cambia: los «tomados» son llevados al juicio, no al cielo, igual que los que «fueron llevados» por el diluvio en los días de Noé (v.39). Los que «quedan» son, en este esquema, los que entran al reino milenial.

La diferencia entre Mateo 24 y Juan 14 resume todo el capítulo. Mateo 24 ofrece a Israel señales visibles que esperar antes de una venida pública. Juan 14 ofrece a la Iglesia una esperanza sin señales: «No se turbe vuestro corazón... vendré otra vez, y os tomaré conmigo» (14:1,3). La Iglesia no busca señales en el cielo ni en la política internacional: espera a una Persona. Esa distinción, sostenida con cuidado, protege —a juicio de este libro— tanto la fidelidad de Dios a las promesas hechas a Israel como la esperanza inminente y serena que se ofrece a la Iglesia.

CAPÍTULO 4

El evangelio en la tribulación: el ángel, los 144.000 y los santos

— * —

Si la Iglesia ya fue arrebatada antes de los siete años de tribulación, surge una pregunta inevitable: ¿quién lleva el evangelio al mundo durante ese período? La respuesta bíblica describe tres agentes soberanos, ninguno de ellos parte de la Iglesia: los ciento cuarenta y cuatro mil israelitas sellados de las doce tribus (Apocalipsis 7:1-8), los dos testigos que profetizan durante mil doscientos sesenta días con un poder comparable al de Elías y Moisés (Apocalipsis 11:3-12), y un ángel que vuela «por en medio del cielo» con «el evangelio eterno para predicarlo... a toda nación, tribu, lengua y pueblo» (Apocalipsis 14:6).

Los ciento cuarenta y cuatro mil son, según el propio texto, literales: doce mil de cada una de las doce tribus de Israel —con Dan excluido por su historia de idolatría y Manasés ocupando su lugar—, sellados para protección y para misión. Son las «primicias» de la cosecha de Israel (Apocalipsis 14:4), dedicados por completo a seguir al Cordero. Los dos testigos, por su parte, cierran el cielo, convierten el agua en sangre, resisten todo intento de eliminarlos hasta que Dios lo permite, y al tercer día y medio resucitan públicamente ante el mundo entero —un acontecimiento retransmitido, podría decirse hoy, en tiempo real.

La lista de tribus de Apocalipsis 7 merece una mirada detenida, porque contiene una sorpresa que confirma la lectura literal. No coincide exactamente con ninguna de las enumeraciones del Antiguo Testamento: falta Dan, falta Efraín, y aparecen en su lugar José y Leví. La ausencia de Dan no es casual. Fue la tribu donde primero arraigó la idolatría organizada en Israel —allí se instaló el ídolo de Micaía (Jueces 18:30-31) y allí Jeroboam levantó uno de sus becerros de oro (1 Reyes 12:29)—, hasta el punto de que Dan se convirtió en sinónimo de apostasía nacional. Efraín, por razones semejantes, se asocia en Oseas a la idolatría del reino del norte. En su lugar entran Leví —la tribu sacerdotal, que en este tiempo de misión vuelve a tomar su sitio— y José, representado además por su hijo Manasés. Que Dios sea tan cuidadoso al nombrar y reordenar doce tribus reales es, para este libro, una razón más para no diluir a estos ciento cuarenta y cuatro mil en un símbolo genérico de la Iglesia: son Israel, contado por nombre y por tribu, sellado para una tarea concreta.

El fruto de esta evangelización extraordinaria es la «multitud que nadie podía contar, de todas naciones» de Apocalipsis 7:9: no son la Iglesia —que ya partió—

sino los que «han salido de la gran tribulación» y «han lavado sus ropas en la sangre del Cordero» (7:14), una categoría distinta de creyentes, mártires y sobrevivientes que sirven a Dios día y noche en su templo. El sellamiento que protege a los ciento cuarenta y cuatro mil cumple cuatro funciones: los protege de los primeros juicios, los identifica ante Dios y ante el propio Anticristo, los capacita para una misión imposible en el contexto más hostil de la historia, y garantiza que ninguno se pierda.

El mensaje de fondo de este capítulo es, en última instancia, un mensaje sobre el carácter de Dios: nunca deja al mundo sin testigo. Antes de la tribulación, la Iglesia evangeliza durante dos mil años de era de gracia; durante la tribulación, los ciento cuarenta y cuatro mil y los dos testigos cubren la primera mitad, y el ángel eterno literalmente surca el cielo en la segunda. Cuando llegue el juicio del gran trono blanco, nadie podrá alegar que no tuvo oportunidad: la gracia de Dios, leída así, llena cada rincón del tiempo de la historia.

CAPÍTULO 5

El orden correcto: la apostasía, el hombre de pecado y el Retenedor

— * —

En Tesalónica, alguien había convencido a los creyentes de que el «día del Señor» —la ira de Dios— ya había comenzado, y el pánico se extendió rápidamente. Pablo responde en 2 Tesalonicenses 2 no con consuelo emocional, sino con una secuencia precisa de eventos que deben ocurrir antes de que ese día llegue: primero la apostasía, luego la revelación del «hombre de pecado», después la remoción del Retenedor, y solo entonces el día del Señor. Si esos pasos previos no han ocurrido, razona Pablo, la Iglesia puede estar tranquila: no está viviendo ya en la ira de Dios.

La palabra que Pablo emplea para esa primera señal, «apostasía» (gr. apostasía), merece un comentario, porque su sentido es más rico de lo que la traducción deja ver. Significa, literalmente, «el apartarse», una deserción o abandono deliberado de una posición antes sostenida; el mismo término describe en Hechos 21:21 la acusación de que Pablo enseñaba a «apartarse» de Moisés. No es, por tanto, una simple decadencia moral del mundo, sino una rebelión religiosa concreta: un abandono masivo y consciente de la fe revelada, dentro de lo que se llama a sí mismo cristianismo. Algunos intérpretes, atendiendo al sentido espacial de la raíz, han propuesto incluso que «el apartamiento» podría aludir a la partida misma de la Iglesia —el arrebatamiento— antes de la manifestación del impostor; este libro recoge la posibilidad sin hacerla descansar todo el peso del argumento, pero observa que ambas lecturas apuntan en la misma dirección: lo que sostiene al mundo está a punto de retirarse.

El «hombre de pecado» recibe en este pasaje cuatro títulos que resumen su naturaleza: «el hombre de pecado», suma personificada de la maldad humana; «el hijo de perdición», el mismo título que Jesús reservó únicamente para Judas (Juan 17:12); «el que se opone», es decir, el anti-Cristo en sentido literal, contra y en lugar de; y «el que se exalta... de modo que se sienta en el templo de Dios... haciéndose pasar por Dios» (v.4), la abominación desoladora en su forma definitiva.

El elemento más debatido del pasaje es la identidad del «Retenedor» (gr. katechōn): aquello que, por ahora, impide que el hombre de pecado se manifieste plenamente. La historia de la Iglesia ha ensayado varias respuestas, y conviene conocerlas para apreciar por qué este libro elige una. Algunos padres antiguos, como Tertuliano, identificaron al Retenedor con el Imperio romano y su orden civil: mientras existiera una autoridad capaz de contener el caos, el impostor no podría reinar. Otros han pensado en el arcángel Miguel, el «gran príncipe» que «se levanta» a favor de Israel en Daniel 12:1, o en la predicación del evangelio que debe alcanzar su meta antes del fin. Este libro defiende, sin descalificar a las demás, la lectura más extendida entre los pretribulacionistas: el Retenedor es el Espíritu Santo morando en la Iglesia. La alternancia gramatical entre «lo que retiene» (neutro, v.6) y «el que retiene» (masculino, v.7) encaja exactamente con la forma en que el Nuevo Testamento se refiere al Espíritu como fuerza y como Persona a la vez. Cuando la Iglesia sea arrebatada, esa influencia contenedora se retira con ella —no porque el Espíritu deje de existir, sino porque deja de morar en un cuerpo presente en la tierra—, y «el misterio de la iniquidad», que Pablo dice que «ya está en acción» desde su propio siglo, queda libre para desatarse sin freno.

Hay, en este pasaje, un consuelo práctico para el lector de hoy: si el Anticristo aún no se ha manifestado, es prueba de que el Retenedor sigue activo, lo cual significa que la Iglesia todavía está aquí. Cada vez que el lector observe el avance de la maldad en el mundo y se pregunte «¿cómo no es peor?», está observando, según esta lectura, al katechōn en acción. El final del Anticristo, en cualquier caso, ya está escrito: el Señor lo «matará con el espíritu de su boca» (v.8), en un instante, después de un poder que nunca fue suyo sino prestado.

CAPÍTULO 6

La confusión de las trompetas

— * —

Uno de los argumentos más repetidos a favor de un arrebatamiento a mitad o al final de la tribulación se apoya en una sola palabra: «última». Pablo escribe que la Iglesia será transformada «a la final trompeta» (1 Corintios 15:52); Apocalipsis 11:15 describe la séptima —y por tanto última— trompeta de una serie de juicios. La conclusión que algunos extraen es que ambas trompetas son la misma, y que el arrebatamiento ocurriría, por tanto, durante la tribulación. Este capítulo examina por qué esa identificación es, a juicio de este libro, un error de método antes que de fe.

El contexto de cada trompeta es radicalmente distinto. La de 1 Corintios 15 transforma y resucita al Cuerpo de Cristo «en un momento, en un abrir y cerrar de ojos»: es un acto de gracia y glorificación, sin previo aviso. La séptima trompeta de Apocalipsis 11 proclama el reinado de Cristo sobre el mundo y va seguida, de inmediato, de la ira de Dios (v.18): es un acto de juicio sobre las naciones, no de rescate de la Iglesia. Si ambas fueran el mismo evento, ¿qué estaría haciendo la Iglesia ya glorificada durante las copas de ira que Apocalipsis 16 describe inmediatamente después?

El principio hermenéutico que resuelve la confusión es simple: la palabra «última» no define por sí sola a qué serie pertenece algo; el contexto inmediato lo determina. Pablo escribió su carta décadas antes de que Juan recibiera el Apocalipsis: no podía estar refiriéndose a una trompeta que todavía no había sido revelada. La Biblia, además, usa trompetas para propósitos completamente distintos —convocar al pueblo, anunciar guerra, marcar fiestas, proclamar juicio— y nada obliga a mezclarlas. El cuadro siguiente separa las tres trompetas que más se confunden:

Trompeta	Texto	Suena para	Momento
«Trompeta de Dios»	1 Co 15:52; 1 Ts 4:16	La Iglesia (reunión y glorificación)	Antes de la tribulación
Siete trompetas de juicio	Apocalipsis 8–11	El mundo (juicio sobre la tierra)	Durante la tribulación
Gran trompeta	Mateo 24:31	Israel (reunión del remanente)	Después de la tribulación

La «trompeta de Dios» de 1 Tesalonicenses 4:16, que reúne a la Iglesia con Cristo en el aire, no tiene relación con las trompetas angélicas de juicio de Apocalipsis 8 al 11, ni con la trompeta que, en Mateo 24:31, reúne al remanente disperso de Israel después de la venida visible de Cristo.

El resultado, una vez distinguidas las tres trompetas, es un mapa claro: la de 1 Corintios 15 y 1 Tesalonicenses 4 pertenece a la Iglesia, antes de la tribulación; las siete de Apocalipsis pertenecen al juicio del mundo, durante la tribulación; la de Mateo 24:31 pertenece a Israel, después de la tribulación. Tres trompetas, tres contextos, tres destinatarios distintos —y, sostiene este libro, ninguna confusión necesaria entre ellas cuando se respeta el contexto en el que cada una suena.

CAPÍTULO 7

Las veintiún características del Anticristo

— * —

Pablo es explícito: «Que nadie os engañe en ninguna manera» (2 Tesalonicenses 2:3). El estudio del Anticristo no responde a curiosidad morbosa, sino a una advertencia apostólica directa: conocer el perfil del impostor es, en cierto sentido, una vacuna contra el engaño. La Iglesia, según el marco que este libro defiende, no llegará a verlo —será arrebatada antes de su revelación plena—, pero Israel y los convertidos durante la tribulación necesitarán reconocerlo para no ser arrastrados por él.

La Escritura lo nombra de varias maneras —el Anticristo (1 Juan 2:18), el hombre de pecado y el hijo de perdición (2 Tesalonicenses 2:3), la bestia (Apocalipsis 13:1), el rey altivo (Daniel 11:36), el pequeño cuerno (Daniel 7:8)— y describe, repartidas en distintos pasajes, veintiuna características que van desde su origen humano y de linaje romano hasta su destino final en el lago de fuego (Apocalipsis 19:20). Vistas en bloque pueden abrumar; agrupadas, revelan un patrón. Conviene ordenarlas en cuatro categorías:

Categoría	Rasgos representativos
Origen	Surge del cuarto imperio (romano); emerge de los diez reyes; engañosamente humano y atractivo
Carácter	Soberbio; blasfemo; «boca que habla grandezas» (Dn 7:8); se exalta sobre todo dios
Acciones	Confirma y rompe el pacto con Israel (Dn 9:27); se sienta en el Templo proclamándose Dios (2 Ts 2:4); obra señales mentirosas (2 Ts 2:9); impone la marca (Ap 13:16-17); persigue a los santos
Destino	Derrotado por la palabra de Cristo (2 Ts 2:8); lanzado vivo al lago de fuego (Ap 19:20)

Así ordenado, el catálogo deja de ser una lista que memorizar y se vuelve un retrato reconocible. Aquí conviene salir al paso de una objeción frecuente: ¿no es peligroso —se pregunta el lector— estudiar con tanto detalle a un personaje que, según este mismo libro, la Iglesia ni siquiera llegará a ver? La respuesta es que el perfil no se traza para que la Iglesia identifique al impostor, sino para que aprenda a reconocer su espíritu, que «ya está en el mundo» (1 Juan 4:3): cada rasgo del Anticristo final tiene anticipos menores en cada época, y quien conoce el patrón discierne las falsificaciones parciales mucho antes de que aparezca la definitiva.

Un patrón recurrente en la Escritura describe al Anticristo, a la bestia segunda o falso profeta, y a Satanás como una «trinidad satánica» que parodia, sin poder crear nada original, a la Trinidad divina: el dragón imita al Padre como fuente de autoridad; la bestia imita al Hijo, recibiendo poder y siendo «adorada» con una herida mortal que sana, en burda imitación de la resurrección; el falso profeta imita al Espíritu Santo, señalando hacia la bestia en lugar de hacia sí mismo, igual que el Espíritu señala hacia Cristo (Juan 16:13-14).

El propósito final de este catálogo no es alimentar el miedo, sino lo contrario: por cada característica del impostor existe un contraste exacto en el carácter de Cristo. Donde el Anticristo viene con orgullo a dominar, Cristo vino con humildad a servir; donde uno se exalta a sí mismo, el otro fue exaltado por el Padre; donde uno reina cuarenta y dos meses y es destruido, el otro reina para siempre en justicia. Conocer al impostor, en este sentido, es siempre una forma indirecta de conocer mejor al original —y la certeza final, sostenida por toda la Escritura, es que la última palabra nunca pertenece a la bestia, sino al Cordero.

CAPÍTULO 8

La marca de la bestia y el control total

— * —

Apocalipsis 13:16-18 describe una marca que combina tres elementos: una señal física visible en la mano derecha o en la frente, un mecanismo de control económico absoluto («que ninguno pudiese comprar ni vender»), y un acto de lealtad religiosa hacia el Anticristo. No es, según el propio texto, un simple documento de identidad: es una declaración de adoración, asociada a un número —seiscientos sesenta y seis — sobre el que la Escritura misma invita a la reflexión más que a la especulación numerológica suelta.

La palabra que Juan emplea para «marca» ilumina el sentido del pasaje. En griego es cháragma, el término que en el mundo romano designaba el sello oficial estampado en los documentos comerciales y, en algunas ciudades, la marca que acreditaba haber rendido culto al emperador antes de poder comerciar en el mercado. No era un simple adorno ni un tatuaje privado: era un signo de pertenencia y de sometimiento, la prueba visible de que su portador había hecho su acto de lealtad al césar. Que Juan elija precisamente esa palabra confirma la naturaleza del gesto descrito: recibir el cháragma de la bestia no es aceptar una tecnología, sino declarar, en el lenguaje comercial y religioso del primer siglo, «pertenezco a este señor y le rindo culto». La frase «en la mano derecha o en la frente» (13:16) invierte, además, de manera deliberada el mandato judío de la Shemá —«lo atarás como una señal en tu mano, y estará por frontales entre tus ojos» (Deuteronomio 6:8)—: la marca de la bestia es la parodia exacta de la consagración que Israel debía a su Dios.

Lo que distingue a este capítulo de cualquier lectura puramente futurista es su conexión con la tecnología disponible hoy. Las monedas digitales de banco central, los sistemas de puntuación de crédito social ya en operación en algunos países, los implantes subcutáneos de almacenamiento de datos y el reconocimiento facial masivo no son la marca de la bestia —este libro lo afirma con claridad—, pero sí construyen, sin que el mundo lo perciba como tal, exactamente la infraestructura que ese sistema necesitaría para funcionar. En 1900 esta profecía era difícil de imaginar; hoy es, en buena medida, ingeniería de sistemas ya existente.

La advertencia de Apocalipsis 14:9-11 sobre quienes reciban la marca es, según el propio texto, la más severa de toda la Escritura: una decisión sin posibilidad de retractación, distinta a cualquier otro pecado, precisamente porque implica adoración consciente y deliberada al impostor. Por eso el evangelio eterno del ángel de Apocalipsis 14:6-7 se predica antes de esta advertencia: Dios, en este esquema, siempre ofrece la oportunidad de elegir antes de ejecutar el juicio.

Para quienes resistan, la promesa es igualmente clara: los que «no adoraron a la bestia ni a su imagen, y no recibieron la marca» (Apocalipsis 20:4) resucitan y reinan con Cristo. La pregunta pastoral que cierra el capítulo no es, en realidad, sobre tecnología ni sobre fechas: es sobre la naturaleza de la relación de cada persona con Cristo. Aquí conviene una palabra serena contra el pánico recurrente: ninguna tarjeta, vacuna, chip o sistema de pago actual es la marca, porque el cháragma de Apocalipsis exige un acto consciente de adoración al Anticristo ya revelado, algo que no puede ocurrir antes de su manifestación. El antídoto, por tanto, no es el miedo a la tecnología sino el conocimiento del original: quien tiene una relación íntima con Cristo reconocerá cualquier falsificación —sea cual sea la forma tecnológica que termine adoptando.

CAPÍTULO 9

Los niños y la tribulación

— * —

Pocas preguntas pastorales son tan frecuentes, y tan delicadas, como esta: si la Iglesia es arrebatada, ¿qué ocurre con los niños pequeños, con los bebés, con los que aún no nacieron? La Escritura no ofrece un versículo único y directo, pero sí principios suficientes para una respuesta teológicamente responsable, construida sobre el criterio bíblico de la responsabilidad moral antes que sobre la edad cronológica.

Conviene precisar ese criterio, porque de él depende toda la respuesta. La Escritura no fija una «edad» numérica de salvación, pero sí distingue con claridad entre quien tiene capacidad de discernir el bien y el mal y quien todavía no la tiene. Deuteronomio 1:39 describe a los hijos de Israel que «hoy no conocen el bien ni el mal» como exentos del juicio que cayó sobre sus padres: el criterio divino es la capacidad de elección moral, no un número de años. Isaías 7:16 supone ese mismo umbral —«antes que el niño sepa desechar lo malo y escoger lo bueno»— como un momento real en el desarrollo de cada persona. Y Romanos 7:9 ofrece el testimonio personal de Pablo: «yo sin la ley vivía en un tiempo», antes de que el mandamiento despertara en él la conciencia plena del pecado. La tradición teológica ha llamado a esto «la edad de responsabilidad»: no una frontera cronométrica idéntica para todos, sino el punto en que cada ser humano se vuelve moralmente responsable ante Dios de sus propias decisiones.

El precedente más conmovedor de la Escritura está en David, cuando su bebé muere: «Yo voy a él, pero él no volverá a mí» (2 Samuel 12:23). El rey más grande de Israel expresa, en ese instante, la certeza de una reunión futura —una certeza que solo tiene sentido si el bebé está, en efecto, en la presencia de Dios.

Si ese criterio de responsabilidad moral es correcto, la implicación es enorme: todos los niños y bebés sin capacidad de elección consciente serían incluidos en el arrebatamiento de la Iglesia, junto a sus padres creyentes o no. El resultado sería, sin exagerar, la mayor catástrofe social y emocional que el mundo haya conocido: millones de niños desaparecidos en un instante. Para quienes pierdan hijos antes de ese día, o los hayan perdido ya, el mismo precedente de David ofrece consuelo: «Aunque ellas se olviden, yo no me olvidaré de ti» (Isaías 49:15). La gracia de Dios, sostiene este libro, alcanza lo que la responsabilidad moral del niño no puede alcanzar por sí misma.

El capítulo cierra con una palabra dirigida a quienes, en un escenario de tribulación ya iniciada, tuvieran hijos bajo su cuidado: nunca marcarlos, ni siquiera por necesidad económica extrema, porque la marca recibida por decisión de un adulto compromete a ese adulto, no al menor sin capacidad moral (Ezequiel 18:20). El mismo Dios que sostuvo a Israel cuarenta años en el desierto puede sostener a una familia durante tres años y medio de tribulación. «Dejad a los niños venir a mí... porque de los tales es el reino de los cielos» (Mateo 19:14) no es, en este marco, una frase para enmarcar: es una promesa con consecuencias escatológicas concretas.

Cierre de la Parte I

Tres miradas adicionales

— * —

Esta primera parte se cierra con tres piezas que no encajaban como lecciones independientes, pero que completan el cuadro de los fundamentos proféticos. La primera recorre las dieciséis parábolas de Mateo como una progresión teológica deliberada: revelación del reino a Israel, reacción de aceptación o rechazo, separación definitiva al final de la tribulación, y entrada al reino milenial. Lejos de ser anécdotas sueltas, estas parábolas —leídas en conjunto— trazan el mismo arco que el resto del libro: revelación, reacción, separación, reino.

La segunda pieza es una pregunta incómoda y necesaria: ¿ama la Iglesia, de verdad, la venida de Cristo? Pablo distingue entre conocer datos sobre la segunda venida y anhelarla con el corazón (2 Timoteo 4:7-8); Juan advierte que solo quien permanece fiel podrá «tener confianza, y no alejarnos de él avergonzados» en su venida (1 Juan 2:28). Amar la venida de Cristo, en este sentido, no es una emoción pasajera: es una forma de coherencia espiritual sostenida que se traduce en obediencia diaria, no en cálculos de fechas.

La tercera pieza recapitula, desde Romanos 9 y 11, el lugar de Israel en el plan de Dios: sus pactos, su gloria, sus promesas permanecen, y la Iglesia no los reemplaza ni los hereda por sustitución. El «endurecimiento parcial» de Israel tiene un propósito temporal —dar paso a la «plenitud de los gentiles»— después del cual «todo Israel será salvo» (Romanos 11:25-26). Sostener con claridad esta distinción, concluye esta primera parte del libro, no divide a los creyentes: al contrario, los libera de la confusión y del miedo, y los deja libres para vivir, mientras tanto, en santidad y en esperanza activa. Con esos cimientos puestos —las dos venidas, el paralelismo de los tres testigos, el orden de los acontecimientos—, la segunda parte puede ya volverse hacia el Antiguo Testamento para mostrar que nada de esto es nuevo: que cada pieza del plan profético estaba sembrada, como semilla, mucho antes de germinar.

PARTE II

PATRONES PROFÉTICOS

Figuras, tipos y ciclos del fin

Lo que el Antiguo Testamento siembra, el Apocalipsis cosecha.

CAPÍTULO 10

Enoc: la figura de la Iglesia arrebatada

— * —

Génesis dedica solo cuatro versículos a Enoc, pero esos cuatro versículos contienen una de las tipologías más nítidas de toda la Escritura. «Caminó, pues, Enoc con Dios, y desapareció, porque le llevó Dios» (Génesis 5:24). Es, junto con Elías, una de las únicas dos personas en toda la Biblia que no experimentaron la muerte. Vivió trescientos años en comunión con Dios después de convertirse en padre —como si la paternidad hubiera sido, en su caso, el catalizador de una transformación espiritual profunda— y, según Judas 1:14-15, recibió revelación profética directa sobre el juicio final, milenios antes de Daniel o de Juan.

Vale la pena situar a Enoc en su contexto, porque su sola posición en la página lo convierte en señal. Aparece en Génesis 5, el «capítulo de la muerte»: una genealogía solemne en la que cada nombre se repite con el mismo estribillo —«y vivió... y murió», «y vivió... y murió»—, como un tambor fúnebre que marca el destino universal de la humanidad caída. En medio de esa letanía, una sola vida rompe el patrón: de Enoc no se dice que murió, sino que «desapareció, porque le llevó Dios». Es la primera grieta de esperanza en el muro de la mortalidad, y el Nuevo Testamento la recoge como tal: «Por la fe Enoc fue traspuesto para no ver muerte» (Hebreos 11:5). El verbo griego, metatíthēmi, significa trasladar de un lugar a otro, cambiar de sitio —exactamente lo que la Iglesia espera: no morir, sino ser trasladada.

La expresión «caminó con Dios» aparece en el Génesis únicamente para Enoc y para Noé, y por eso este capítulo los compara con cuidado: son tipos distintos, no intercambiables. Enoc fue arrebatado antes del diluvio, sin pasar por ningún aspecto del juicio; desapareció sin dejar rastro. Noé, en cambio, fue preservado durante el diluvio, visible para el mundo que lo vio entrar al arca, y permaneció en la tierra para repoblarla después del juicio. Esta distinción no es casual: este libro propone que Enoc es tipo de la Iglesia, arrebatada antes de la tribulación, mientras que Noé es tipo de Israel, protegido a través de la prueba pero no eximido de ella.

El nombre de Matusalén, hijo de Enoc, añade una capa adicional al patrón: en hebreo significa, aproximadamente, «cuando él muera, vendrá el juicio». Matusalén vivió novecientos sesenta y nueve años —el ser humano más longevo de toda la Escritura— y, según la cronología de Génesis 5 a 7, el año de su muerte coincide con el inicio del diluvio. Leído así, el nombre mismo de Matusalén es una profecía: Dios extendió su paciencia tanto como fue posible antes de enviar el juicio, exactamente como describe Pedro siglos después: «El Señor no tarda su promesa... es paciente, no queriendo que ninguno perezca» (2 Pedro 3:9).

Hebreos 11:5 resume la lección central de este capítulo en una frase: Enoc fue trasladado «por la fe», no por mérito acumulado ni por conocimiento doctrinal superior, después de obtener testimonio de que agradaba a Dios. La preparación para el arrebatamiento, en este marco, no es un examen de teología sino una vida de comunión cotidiana. Vivimos, sostiene este libro, en una generación moralmente comparable a la de Enoc —«violencia... corrompida... todo designio de los pensamientos del corazón... de continuo solamente el mal» (Génesis 6:5,11)— y el llamado, como el de Enoc, es a caminar con Dios en medio de ella, no a esperar a que el mundo mejore primero.

CAPÍTULO 11

Adonías y el Anticristo: el patrón de la usurpación

— * —

«Yo reinaré» (1 Reyes 1:5). Con esa frase se presenta Adonías, hijo de David, en el momento en que su padre envejece y el trono todavía no tiene sucesor formalmente proclamado. No fue ungido, ni elegido por Dios, ni designado por su padre: se autoproclamó. El relato de su intento de usurpación, leído junto al pacto que Dios había hecho con David —«reinará sobre la casa de Jacob para siempre, y su reino no tendrá fin» (2 Samuel 7:13; Lucas 1:32-33)—, ofrece uno de los tipos más claros del Antiguo Testamento sobre el personaje que ocupará el centro de la profecía del fin: el Anticristo.

El perfil de Adonías anticipa, punto por punto, el del impostor final: autoproclamación sin legitimidad; atractivo personal puesto al servicio de la ambición; una infancia sin disciplina formadora («su padre nunca le había entristecido», v.6); un aparato de poder construido para impresionar (carros, jinetes, cincuenta hombres); alianzas estratégicas con el poder militar (Joab) y el poder religioso (Abiatar); una religiosidad de apariencia, sin verdadero ungimiento; y la exclusión deliberada del heredero legítimo. Cuando Salomón es ungido en Guihón —mientras Adonías todavía festejaba su presunta victoria—, la coalición del usurpador se desmorona en cuestión de minutos: sus aliados huyen, y el propio Adonías termina aferrado a los cuernos del altar, suplicando la misericordia del rey al que había desafiado.

El patrón de la usurpación no quedó encerrado en el palacio de David: se repite, a menor escala, cada vez que algo que no es Cristo reclama el trono que solo a Él pertenece. Toda ideología que promete el paraíso sin el Rey, todo líder que pide la lealtad absoluta que solo se debe a Dios, todo sistema que ofrece «paz y seguridad» a cambio de adoración, ensaya el mismo guion de Adonías: ocupar el trono antes de que el Rey legítimo lo reclame, y festejar la victoria antes de tiempo. El lector no necesita esperar al Anticristo final para reconocer el patrón; lo encontrará, en forma embrionaria, en cada época —y la pregunta que Adonías plantea a cada generación es la misma: ¿a quién reconoce uno, de hecho, como rey de su propia vida, mientras el verdadero Rey parece demorar su venida?

Este libro extiende el paralelo hacia el presente con una observación incómoda: Israel, sin saberlo ni proponérselo, está construyendo hoy la infraestructura que el Anticristo necesitará. El Instituto del Templo, con sede en Jerusalén, ha reproducido ya todos los utensilios litúrgicos necesarios para un Tercer Templo; se han criado en años recientes vaquillas rojas sin mancha, requeridas por Números 19 para la purificación del recinto; se ha formado a sacerdotes de linaje aarónico para un servicio que no se ejercía desde hace dos mil años. Ninguno de estos actores actúa con intención profética consciente, lo cual, para este libro, no debilita la profecía sino que la confirma: Dios cumple su palabra incluso a través de quienes no la conocen.

El pacto que el Anticristo confirmará con Israel (Daniel 9:27) seguirá el mismo guion que Adonías ensayó sin éxito: una apariencia de paz y legitimidad —«paz y seguridad», advierte Pablo, justo antes de la «destrucción repentina» (1 Tesalonicenses 5:3)— que durará lo que dura cualquier alianza construida sobre interés propio: hasta que conviene romperla. El capítulo cierra con una pregunta que no es retórica: la lealtad de cada lector ya tiene, en este drama, un desenlace conocido —«Rey de Reyes y Señor de Señores» (Apocalipsis 19:16)—; la única incógnita real es de qué lado se encuentra cada uno mientras la usurpación se despliega.

CAPÍTULO 12

El silencio profético y los ciclos de 430 años

— * —

«Cuando vino la plenitud del tiempo, Dios envió a su Hijo» (Gálatas 4:4). Esa frase, leída con atención, no describe un accidente histórico sino el cumplimiento de un cronograma. La Escritura, sostiene este capítulo, revela que Dios trabaja en ciclos de tiempo medibles: cuatrocientos treinta años exactos de promesa a esclavitud y liberación, desde Abraham hasta el Éxodo (Génesis 15:13; Éxodo 12:40-41; Gálatas 3:17); cuatrocientos años de silencio profético entre Malaquías y Juan el Bautista; y, según la lectura que este libro defiende, dos mil años de era de la Iglesia que corresponden a los «dos días» de Oseas 6:2, leídos a la luz de la escala temporal que ofrece 2 Pedro 3:8: «para el Señor un día es como mil años».

Conviene aclarar el dato de los cuatrocientos treinta años, porque a primera vista parece chocar con otras cifras de la Escritura. Éxodo 12:40-41 dice que la permanencia de los hijos de Israel «fue de cuatrocientos treinta años», y precisa que «pasados los cuatrocientos treinta años, en aquel mismo día» salieron de Egipto. Gálatas 3:17 cuenta esos mismos cuatrocientos treinta años, pero desde la promesa hecha a Abraham hasta la entrega de la Ley en el Sinaí. La aparente tensión con los «cuatrocientos años» de aflicción que Génesis 15:13 anuncia se resuelve al notar que esta última cifra es un número redondo para el período de servidumbre propiamente dicho, mientras que los cuatrocientos treinta abarcan el ciclo completo, desde la promesa. Lo que importa, para el argumento de este capítulo, no es resolver cada decimal sino observar el método: Dios fija plazos y los cumple «en aquel mismo día», con una puntualidad que no deja lugar al azar.

El silencio entre el Antiguo y el Nuevo Testamento no fue, en esta lectura, un vacío sino una preparación activa: el Imperio romano construyó las calzadas que después usarían los misioneros cristianos; el griego koiné se convirtió en lengua franca, vehículo perfecto para la difusión del evangelio; y cuando Juan el Bautista finalmente rompió el silencio con una sola palabra —«¡Arrepentíos!»—, su ministerio de tres años y medio resultó ser, sumado a los tres años y medio del ministerio público de Jesús, un total de siete años que este libro lee como tipo profético de la futura semana setenta de Daniel: la primera mitad terminando en el martirio del precursor —anticipo de los dos testigos de Apocalipsis 11—, la segunda culminando en muerte y resurrección.

La tabla de ciclos que recorre este capítulo —Abraham al Éxodo, la entrada a Canaán hasta el exilio, el silencio profético, Juan más Jesús, la era de la Iglesia, la semana setenta venidera— no pretende ser numerología especulativa, sino una observación sobre el carácter de Dios: si el Éxodo se cumplió «ese mismo día» después de cuatrocientos treinta años exactos (Éxodo 12:41), la precisión no es negociable, y la semana profética final se cumplirá con la misma exactitud cuando llegue su momento.

El capítulo termina señalando un nuevo silencio que, a juicio de este libro, ya está en marcha: la apostasía de buena parte de la Iglesia occidental, el abandono institucional de la enseñanza bíblica sólida, son leídos como un silencio profético auto-infligido, distinto del silencio providencial de hace dos mil años pero igualmente cargado de sentido. Lo que se mantiene constante, en cualquiera de los dos casos, es la convicción de fondo: el silencio de Dios nunca ha sido abandono, sino preparación para un cumplimiento que llega siempre en su tiempo exacto.

CAPÍTULO 13

Oseas 6:2: los dos días y el tercer día

— * —

«Nos dará vida después de dos días; en el tercer día nos resucitará, y viviremos delante de Él» (Oseas 6:2). Leído en su contexto inmediato, el versículo es un llamado al arrepentimiento nacional de Israel. Leído con la escala temporal que 2 Pedro 3:8 autoriza —un día profético equivalente a mil años—, se convierte en algo más: un mapa de tres milenios que conecta la dispersión de Israel, la era del evangelio y la restauración final bajo el reinado visible del Mesías.

Antes de avanzar conviene fijar el principio y, con él, su límite. La equivalencia «un día como mil años» que ofrece 2 Pedro 3:8 —recogiendo el Salmo 90:4— es una afirmación sobre el modo en que Dios habita el tiempo, no una fórmula de calculadora profética: el propio Pedro la introduce, precisamente, para frenar a los que se impacientan y a los que fijan fechas. Este libro la emplea, por tanto, como clave de lectura de un patrón —no como cronómetro—, consciente de que el mismo capítulo que la enuncia advierte que «el día del Señor vendrá como ladrón en la noche». La lección de Oseas, entonces, no es «sabremos la fecha», sino «el tercer día llegará con la misma certeza con que llegaron los dos primeros».

La resurrección de Cristo «al tercer día» (1 Corintios 15:4) funciona, en esta lectura, como el tipo histórico y literal de un cumplimiento escatológico de mayor escala: así como Cristo pasó por la muerte, el sepulcro y la resurrección en tres días exactos, Israel pasa por el desgarramiento, la dispersión de casi dos milenios, y —según este esquema— una restauración final en el «tercer día» profético, que este libro identifica con el reinado milenial de Cristo. Mateo 27:52-53, ese pasaje breve y extraordinario que describe a santos del Antiguo Testamento resucitando junto con Cristo y apareciéndose en Jerusalén, se interpreta aquí como la primera cosecha, las «primicias» literales de ese patrón mayor —el anticipo concreto de una cosecha final mucho más amplia.

Trazada sobre la línea completa de la historia, la propuesta de este capítulo divide el tiempo en tres «días» de mil años cada uno: el primero, desde el nacimiento de la Iglesia hasta aproximadamente el año mil, marcado por la expansión del evangelio en el mundo romano y la persecución de los primeros siglos; el segundo, hasta el año dos mil, marcado por la Reforma, las misiones modernas y, de manera decisiva, el regreso de Israel a su tierra en 1948 y a Jerusalén en 1967; y el tercero, que este libro sitúa ya en marcha, correspondiente al reinado milenial de Cristo, cuando «la tierra será llena del conocimiento de Jehová como las aguas cubren el mar» (Isaías 11:9).

El capítulo no rehúye su propia implicación más directa: si los «dos días» equivalen, en efecto, a dos mil años contados desde un punto de referencia razonable en la era apostólica, el «tercer día» —el umbral del reinado milenial— estaría ya próximo. Este libro presenta esa lectura con la cautela apropiada a cualquier cálculo de plazos proféticos, pero sin renunciar a la convicción de fondo: Cristo resucitado es la garantía de que la restauración prometida a Israel, igual que su propia resurrección, llegará en el momento exacto que Dios ya ha fijado.

CAPÍTULO 14

Los siete días de la creación como mapa de la historia

— * —

Génesis 1 no es, según este capítulo, solamente el relato del origen del mundo: es, leído junto con el principio de escala temporal de 2 Pedro 3:8 y Salmo 90:4, un mapa profético de siete mil años de historia humana, un día de la creación por cada milenio. Esta lectura —presente ya en padres de la Iglesia como Bernabé, Ireneo y Justino Mártir, y no una invención reciente— sitúa el sexto día, el de la creación del hombre, en los últimos mil años antes del reinado milenial, y reserva el séptimo día, el del reposo de Dios, como tipo explícito del Milenio: «queda un reposo sagrado para el pueblo de Dios» (Hebreos 4:9).

El recorrido capítulo por capítulo es sugestivo: el primer día, la luz sin sol, corresponde a los primeros mil años de la humanidad, desde Adán hasta aproximadamente el reinado de David, marcados por la presencia directa de Dios en el Edén y la entrada del pecado. El segundo día, la división de las aguas, corresponde al período de Babel y la dispersión de las naciones, y al llamado de Abraham como pueblo separado. El tercero, la tierra firme y la vegetación, a la consolidación del trono davídico y la construcción del Templo. El cuarto, las luminarias —sol, luna, estrellas—, al ministerio de Cristo, «la luz del mundo» (Juan 8:12), y al nacimiento de la Iglesia, llamada a reflejar esa luz como la luna refleja al sol. El quinto, la vida que llena el aire y el mar, a la expansión misionera del evangelio entre las naciones. El sexto día, el hombre creado a imagen de Dios y puesto en posición de dominio, corresponde —en su tramo final, el que vivimos hoy — a una explosión tecnológica sin precedentes, acompañada de una apostasía igualmente sin precedentes, en la que el ser humano se cree, finalmente, igual a Dios (2 Tesalonicenses 2:4).

Conviene salir al paso de la objeción que un lector cuidadoso plantea aquí: ¿no es esto forzar el relato de la creación, leer en Génesis 1 lo que no dice? La respuesta de este libro es doble. Primero, que no se trata de negar el sentido histórico del relato —la creación en seis días reales—, sino de reconocer, además, un patrón que la propia Escritura invita a buscar cuando equipara un día con mil años y llama al Milenio «reposo» con el mismo vocabulario del sábado (Hebreos 4:9). Segundo, que esta lectura no es una novedad de entusiastas modernos: ya aparece, como se ha dicho, en autores de los primeros siglos, mucho antes de cualquier especulación contemporánea. El capítulo la propone, por tanto, no como dogma que cierre la discusión sino como un marco coherente —uno que ordena la historia sin pretender datarla—, y subraya que su valor no depende de fijar el año exacto del séptimo día, sino de reconocer hacia dónde apunta toda la semana.

El séptimo día, el reposo, es el Milenio: Cristo reina, Satanás está atado, y la creación entera —que «gime a una» bajo el peso del pecado, según Romanos 8:22 — descansa por fin. Isaías 11 describe ese reposo con imágenes que se han vuelto célebres: el lobo morando con el cordero, el niño jugando junto a la guarida de la víbora. No es, en esta lectura, poesía sin referente: es la descripción literal del séptimo milenio.

El indicador más citado por este capítulo para ubicar el presente en el calendario de los siete días es el regreso de Israel a su tierra en 1948, leído como la señal más clara de que el «día sexto» avanza hacia su hora final. La conclusión pastoral no es el cálculo de fechas, sino la urgencia: si el sexto día se acerca a su cierre, la tarea de evangelizar —que pertenece, según este libro, específicamente a este día y no al séptimo— no admite demora.

CAPÍTULO 15

Las cuatro vigilias y el calendario hebreo

— * —

«Velad, pues, porque no sabéis cuándo vendrá el señor de la casa; si al anochecer, o a la medianoche, o al canto del gallo, o a la mañana» (Marcos 13:35). El mundo romano dividía la noche en cuatro vigilias militares de tres horas, y este capítulo explora cómo esa estructura, aplicada al calendario hebreo de fiestas, ofrece —sin llegar a precisar una fecha— un marco de expectativa razonable para el arrebatamiento de la Iglesia.

La imagen de la «vigilia» no es decorativa: nace de un oficio real y duro. En el mundo antiguo, la noche se repartía entre centinelas que se relevaban por turnos, y la prueba del buen guardián no era resistir la primera hora —cuando todos están despiertos— sino las últimas, las que preceden al alba, cuando el cuerpo pide dormir y el peligro acecha precisamente porque se confía en que ya nada ocurrirá. Marcos nombra las cuatro vigilias romanas en orden: «el anochecer» (de seis a nueve), «la medianoche» (de nueve a doce), «el canto del gallo» (de doce a tres) y «la mañana» (de tres a seis). El judaísmo más antiguo dividía la noche en tres vigilias; el sistema de cuatro que Jesús emplea es el romano, el de los soldados que custodiaban Judea. Que el Señor describa su venida con el lenguaje del relevo nocturno no es casual: el creyente es, en este cuadro, el centinela del último turno, y el título mismo de este libro nace de ahí.

Las fiestas de primavera del calendario judío —Pascua, Panes sin Levadura, Primicias, Pentecostés— ya se cumplieron, según este libro, con precisión literal en la primera venida de Cristo: crucificado el día exacto de la Pascua, resucitado al tercer día como primicia, con el Espíritu derramado exactamente en la fecha de Shavuot. Quedan pendientes, en este esquema, las tres fiestas del otoño, que el cuadro siguiente resume:

Fiesta (otoño)	Nombre hebreo	Cumplimiento profético propuesto
Día de las Trompetas	Rosh Hashaná	«El día que nadie sabe»: reunión y arrebatamiento (cf. Mt 24:36)
Día de la Expiación	Yom Kipur	Conversión nacional de Israel al final de la tribulación
Tabernáculos	Sucot	El reinado milenial: Dios «tabernaculiza» entre los

Fiesta (otoño)	Nombre hebreo	Cumplimiento profético propuesto
		hombres (Ap 21:3)

El Día de las Trompetas (Rosh Hashaná) era tradicionalmente llamado en la cultura judía «el día que nadie sabe», porque su inicio dependía de la observación lunar verificada por testigos —una resonancia notable con Mateo 24:36—; el Día de la Expiación (Yom Kipur) este libro lo asocia con la conversión final de Israel; y la Fiesta de los Tabernáculos (Sucot), con el reinado milenial.

La parábola de las diez vírgenes (Mateo 25:1-13) sitúa el clamor «¡Aquí viene el esposo!» a la medianoche —el comienzo de la tercera vigilia—, lo cual este libro conecta con el mes de Tishrei y sus fiestas de otoño. Lucas 12:37-38, por su parte, menciona explícitamente solo la segunda y la tercera vigilia como los períodos en que el Señor podría hallar velando a sus siervos: ni la primera —correspondiente a fiestas ya cumplidas en la primera venida— ni la cuarta, que este libro reserva para la segunda venida visible, tipificada en el episodio de Jesús caminando sobre el mar «en la cuarta vigilia» (Mateo 14:25), cuando los discípulos, agotados y a punto de naufragar, ven llegar la solución exactamente cuando parecía imposible.

La conclusión pastoral de este capítulo insiste en que la incertidumbre del calendario es intencional, no un descuido: «no sabéis el día ni la hora» (Mateo 25:13) produce vigilancia continua en lugar de cálculos de última hora. El aceite de las vírgenes prudentes —leído como figura del Espíritu Santo recibido en abundancia, no como una posesión que se pueda prestar entre unas y otras— resume la enseñanza central: la preparación espiritual es personal e intransferible, y nadie puede llevarla a cabo en nombre de otro.

CAPÍTULO 16

Las seis resurrecciones: cada una en su orden

— * —

«Pero cada uno en su propio orden: Cristo las primicias; luego los que son de Cristo, en su venida» (1 Corintios 15:23). La palabra que usa Pablo —tagma, orden militar, rango— sugiere algo que este capítulo desarrolla con detalle: la resurrección bíblica no es un evento único y simultáneo, sino una secuencia de al menos seis momentos distintos, cada uno con su propio grupo, su propio momento y su propio propósito.

La primera es la de Cristo mismo: «primicias de los que durmieron» (1 Corintios 15:20), el primer ser humano en recibir un cuerpo glorificado indestructible, y la garantía ontológica de todas las demás. La segunda, casi simultánea con la primera, es la de los santos del Antiguo Testamento que «se levantaron» en Jerusalén tras la resurrección de Cristo (Mateo 27:52-53) y que, según Efesios 4:8, ascendieron con Él al cielo. La tercera es el arrebatamiento de la Iglesia: los muertos en Cristo resucitan primero, y los vivos son transformados «en un momento, en un abrir y cerrar de ojos» (1 Corintios 15:52), antes del inicio de la tribulación.

La cuarta resurrección reúne a dos subgrupos al final de los siete años de tribulación: los mártires decapitados por negarse a adorar a la bestia (Apocalipsis 20:4) y los santos del Antiguo Testamento que, según Daniel 12:2 y 12:13, esperaban su resurrección «en aquel tiempo de angustia». El texto de Apocalipsis 20:5-6 llama «primera resurrección» a toda esta serie —desde Cristo hasta los mártires—, no porque sea un único evento, sino porque agrupa, bajo una sola categoría, a todos los redimidos, distinguiéndolos radicalmente de la quinta resurrección: la de «el resto de los muertos», los no redimidos de toda la historia, que no resucitan «hasta que se cumplieron mil años» (Apocalipsis 20:5), para comparecer ante el Gran Trono Blanco. La sexta, finalmente, no es corporal sino cósmica: la nueva creación de Apocalipsis 21, cuando la muerte misma —«el último enemigo» (1 Corintios 15:26)— es definitivamente destruida. El cuadro siguiente recoge la secuencia completa:

Orden	Quiénes	Momento	Texto base
1	Cristo, las primicias	Domingo de resurrección	1 Co 15:20,23
2	Santos del A.T. en Jerusalén	Tras la resurrección de Cristo	Mt 27:52-53; Ef 4:8

Orden	Quiénes	Momento	Texto base
3	La Iglesia (muertos y vivos)	Arrebatamiento, antes de la tribulación	1 Ts 4:16-17; 1 Co 15:52
4	Mártires y santos del A.T.	Final de la tribulación	Ap 20:4; Dn 12:2,13
5	«El resto de los muertos» (no redimidos)	Después del milenio	Ap 20:5,11-15
6	Victoria final sobre la muerte	Nueva creación	1 Co 15:26; Ap 21

El cuerpo que resulta de cualquiera de las resurrecciones de los redimidos, según 1 Corintios 15:42-44, no es una mejora del cuerpo actual sino una transformación de naturaleza: de corruptible a incorruptible, de débil a poderoso, de «cuerpo natural» a «cuerpo espiritual», capaz de comer y beber sin necesitarlo, tangible y real pero ya no limitado por el espacio y el tiempo ordinarios —como el propio cuerpo resucitado de Cristo, que atravesó paredes y fue, al mismo tiempo, reconocible y palpable para sus discípulos. Lejos de ser caótica, concluye este capítulo, la resurrección bíblica es un plan tan ordenado como un despliegue militar: cada quien, en su rango, en su momento exacto.

CAPÍTULO 17

La unidad profética de Mateo 22 a 25

— * —

Leídos por separado, Mateo 22, 23, 24 y 25 parecen cuatro unidades temáticas distintas: una parábola, una reprensión, un discurso profético, tres parábolas más. Leídos como una sola composición —que es, sostiene este capítulo, la forma en que Jesús los pronunció—, forman un arco narrativo continuo que resume la totalidad del drama escatológico: el ofrecimiento del reino a Israel, su rechazo, el juicio consiguiente, la tribulación futura y, finalmente, la preparación de la Iglesia y el juicio de las naciones al comienzo del Milenio. Cuatro movimientos, un solo argumento: revelación, rechazo, juicio, restauración.

Mateo 22 narra la parábola de la boda real: el rey es Dios, el hijo es Cristo, los primeros invitados son Israel —que rechaza la invitación—, y los convocados «de los caminos» son los gentiles que llenan el salón en su lugar: una sustitución temporal en la historia de la redención, aclara este libro, no un reemplazo teológico definitivo. Mateo 23 pronuncia los ocho ayes contra escribas y fariseos y culmina en una de las frases más cargadas de emoción de todo el Nuevo Testamento: «Vuestra casa os es dejada desierta... no me veréis más, hasta que digáis: Bendito el que viene en el nombre del Señor» (23:38-39). Ese «hasta que» no es un cierre definitivo: es una puerta dejada abierta hacia el futuro de Israel, que se conecta directamente con la conversión nacional de Zacarías 12:10.

Mateo 24 desarrolla esa puerta abierta: la tribulación futura de Israel, con sus señales dirigidas a una audiencia judía —Judea, el sábado, el Templo— y su culminación en la Parusía visible de Cristo. Mateo 25 cambia de destinatario: las diez vírgenes y los talentos hablan del tiempo de espera y de la fidelidad activa que se espera de la Iglesia, mientras que el juicio de las naciones al final del capítulo (25:31-46) describe un tribunal distinto al del Gran Trono Blanco —un juicio sobre los sobrevivientes físicos de la tribulación, separados como ovejas y cabritos según el trato que dieron a «estos mis hermanos más pequeños», posiblemente los mismos ciento cuarenta y cuatro mil evangelistas judíos.

La higuera que «brota» en Mateo 24:32-34 cierra el círculo de esta parte del libro: leída como tipo de Israel, su reverdecer en 1948 —el regreso de una nación a su propia tierra después de dos mil años de dispersión— es, para este libro, el indicador más visible de que el reloj profético de estos cuatro capítulos ya está en marcha. Rechazo, juicio, tribulación, restauración: ese es, en cuatro movimientos, el mapa completo que Mateo 22 a 25 traza para el lector dispuesto a leerlos como una sola pieza.

CAPÍTULO 18

Los 144.000: Israel, no la Iglesia

— * —

Este capítulo retoma, desde un ángulo distinto, la distinción que recorre todo el libro: Israel y la Iglesia no son la misma entidad ni se sustituyen mutuamente. Los ciento cuarenta y cuatro mil de Apocalipsis 7 son, según la lectura literal que aquí se defiende, israelitas reales —doce mil de cada una de las doce tribus, identificadas por nombre—, sellados por Dios durante la tribulación para protección y para misión evangelizadora, no un símbolo de la Iglesia ni de ningún grupo religioso posterior.

Apocalipsis 14 vuelve a mencionarlos, ahora en pie con el Cordero sobre el monte de Sion, descritos como quienes «no se contaminaron con mujeres» y son llamados «primicias para Dios». La palabra «primicias» merece subrayarse, porque encierra una promesa. En el calendario de Israel, las primicias eran la primera porción de la cosecha que se ofrecía a Dios, y su sentido no era la totalidad sino el anticipo: donde hay primicias, hay una cosecha mayor en camino. Llamar «primicias» a estos ciento cuarenta y cuatro mil implica, por tanto, que no son la suma final de los salvos de Israel, sino la primera entrega de una siega nacional que culminará en la conversión de «todo Israel» (Romanos 11:26). El sello en sus frentes (Apocalipsis 7:3) cumple, a la vez, la función inversa y exacta de la marca de la bestia: donde el cháragma marca la pertenencia al impostor, el sello de Dios marca la pertenencia al Cordero, y garantiza —en medio del juicio más severo de la historia— que ninguno de los suyos se pierda.

Este libro presenta, sin zanjarla de manera dogmática, la pregunta de si se trata del mismo grupo que sobrevivió toda la tribulación o de un grupo distinto, y ofrece tres lecturas posibles de la frase sobre la pureza sexual: como celibato literal asumido como consagración total en tiempos de extrema angustia, como lenguaje simbólico de pureza doctrinal frente al sistema religioso del Anticristo, o como una pureza de tipo levítico, equivalente a la santidad ritual exigida a los sacerdotes en servicio activo.

El pasaje más debatido de este tema, «uno será tomado, y el otro será dejado» (Mateo 24:40-41), recibe en este capítulo un tratamiento cuidadoso. La lectura popular —que identifica a «los tomados» con los arrebatados al cielo— se examina y se cuestiona a la luz del paralelo explícito que el propio Jesús establece con los días de Noé: en el diluvio, los «tomados» fueron los que el diluvio «se llevó», es decir, los que perecieron; los que «quedaron» fueron Noé y su familia, los sobrevivientes. Leído con esa misma lógica, y apoyado en el pasaje paralelo de Lucas 17:37 —donde la respuesta a «¿dónde, Señor?» son las águilas que se reúnen sobre un cuerpo, imagen de juicio y no de rescate—, este libro defiende que los «tomados» en Mateo 24 son llevados al juicio, mientras que los «dejados» son quienes sobreviven para entrar al reino milenial.

El argumento se cierra con una observación sobre el término «escogidos» (Mateo 24:22), que algunos usan para situar a la Iglesia dentro de la tribulación: en el Antiguo Testamento, Israel mismo es llamado «escogido» (Isaías 45:4), y en el contexto de Mateo 24 —Judea, sábado, Templo, una venida visible y no una reunión secreta— el término designa al remanente fiel de Israel y a los convertidos durante esos siete años, no a una Iglesia que, según 1 Tesalonicenses 5:9, «no ha sido puesta para ira». La distinción, una vez más, no divide a los creyentes: les permite leer cada pasaje en su contexto correcto, sin forzar a la Iglesia a habitar páginas que la Escritura reserva, con toda claridad, para Israel.

Cierre de la Parte II

Tres piezas adicionales sobre los patrones de Dios

— * —

Esta segunda parte cierra con tres estudios que profundizan, desde ángulos distintos, la misma convicción: Dios no actúa al azar, sino en patrones reconocibles. El primero recorre el paralelo entre el monte Sinaí y el Pentecostés de Hechos 2: en ambos episodios aparecen fuego, una voz semejante a trompeta y la manifestación tangible de la presencia divina, y ambos marcan el nacimiento de un pacto —la Ley en un caso, la Iglesia en el otro—. El conteo de cuarenta y nueve días entre la Pascua y Pentecostés (Levítico 23:15) se presenta como un patrón de cumplimiento que, multiplicado simbólicamente, algunos relacionan con la duración completa de la era de la Iglesia; este libro recoge la observación con la cautela que merece cualquier cálculo de este tipo, sin pretender fijar fechas que la propia Escritura declara reservadas al Padre (Mateo 24:36).

El segundo estudio recorre el número cuarenta a través de la Escritura —el diluvio, los años de Moisés en el desierto, los días de Jesús en ayuno, los cuarenta días entre la resurrección y la ascensión— como patrón recurrente de un proceso de prueba que culmina, invariablemente, en una intervención decisiva de Dios. Si el lector atraviesa hoy lo que el capítulo llama «un proceso de cuarenta», la conclusión pastoral es clara: no es la señal del final, sino la antesala de la intervención.

El tercero retoma, con mayor detalle pastoral, el tema de las seis resurrecciones del capítulo dieciséis, distinguiendo con especial cuidado a los santos resucitados en Mateo 27 de otros casos de resurrección en los Evangelios —como Lázaro o la hija de Jairo—, que regresaron a una vida todavía mortal. Los santos de Mateo 27, en cambio, participan de un tipo de resurrección distinto, vinculado directamente a la victoria de Cristo sobre la muerte, y no a un regreso temporal a la vida terrenal. La lección común a los tres estudios, y con la que se cierra esta parte del libro, es la misma que ha recorrido los nueve capítulos anteriores: cada patrón que Dios siembra en el Antiguo Testamento encuentra, tarde o temprano, su cosecha exacta en el Nuevo.

PARTE III

ESCATOLOGÍA AVANZADA

El mapa completo de los últimos tiempos

La Escritura interpreta a la Escritura; el resto es especulación.

CAPÍTULO 19

Los tres arrebatos: Enoc, Elías y los dos testigos

— * —

El arrebatamiento bíblico, sostiene este capítulo, no es un evento aislado sino un patrón que la Escritura repite con variaciones deliberadas, y el Antiguo Testamento anticipa tres de sus formas en tres figuras distintas. Enoc, trasladado «para que no viera muerte» (Hebreos 11:5), es tipo de la Iglesia: arrebatado antes del juicio, sin pasar por él, desaparecido sin dejar rastro físico. Elías, llevado «en un torbellino» de manera visible y dramática (2 Reyes 2:11) pero destinado a regresar (Malaquías 4:5), es tipo del remanente de Israel: protegido de forma sobrenatural pero sin abandonar la tierra, como los ciento cuarenta y cuatro mil sellados que permanecen en ella durante toda la tribulación. Los dos testigos de Apocalipsis 11, asesinados, expuestos tres días y medio, y luego resucitados públicamente ante «sus enemigos» que «los vieron» (11:11-12), son tipo de los mártires de la tribulación: los únicos de los tres grupos que efectivamente atraviesan la muerte antes de su traslado. El cuadro siguiente ordena el patrón:

Figura	Forma del arrebatamiento	Pasa por la muerte	Prefigura
Enoc	Trasladado antes del diluvio, sin rastro	No	La Iglesia (antes de la tribulación)
Elías	Llevado en torbellino, de forma visible	No	El remanente de Israel (protegido en la tierra)
Dos testigos	Muertos y resucitados ante el mundo	Sí	Los mártires de la tribulación

Apocalipsis 4:1 ofrece, según este libro, la clave que ata los tres patrones a la cronología del libro entero: cuando Juan oye la voz que le dice «sube acá», y es llevado al cielo antes de que comience la apertura de los sellos en el capítulo 6, está representando —en su propia experiencia narrativa— el arrebatamiento de la Iglesia. Los veinticuatro ancianos que ya están sentados en tronos en el capítulo 4, antes de cualquier juicio, son leídos por este libro como los santos resucitados que ya se encuentran en la gloria cuando los juicios comienzan. El mismo verbo —«subid acá»— se repite, palabra por palabra, en Apocalipsis 11:12 para los dos testigos: el eco no es casual, sino una firma literaria que vincula los tres arrebatos como capítulos de una sola historia.

La relación entre Elías y su discípulo Eliseo añade una capa adicional: el manto de Elías cae sobre Eliseo, quien pide «una doble porción» de su espíritu (2 Reyes 2:9) y termina realizando el doble de milagros que su maestro —un patrón que este libro lee como figura de Pentecostés, cuando el Espíritu desciende sobre la Iglesia con una capacidad multiplicada de obra (Juan 14:12). A diferencia de Elías, Eliseo no es llevado al cielo en vida: su ministerio, como el de la Iglesia, se desarrolla por entero en la tierra, hasta que su tiempo se cumple.

El propósito final de trazar estos tres arrebatos no es, según el cierre del capítulo, satisfacer la curiosidad escatológica sino alimentar la santidad práctica: «todo el que tiene esta esperanza puesta en Él, se purifica» (1 Juan 3:3). Cada lector, sugiere este libro, puede preguntarse en qué medida es como Enoc —¿camina con Dios?—, como Elías —¿es fiel en la intercesión?— o como los testigos —¿está dispuesto a dar testimonio aunque le cueste?

CAPÍTULO 20

Las trompetas de Apocalipsis 8 y 9: el juicio escala de lo físico a lo demoníaco

— * —

Las siete trompetas de Apocalipsis 8 y 9 forman, según este capítulo, una progresión deliberada: las primeras cuatro afectan elementos físicos —la tierra, el mar, los ríos, los cuerpos celestes—, mientras que la quinta y la sexta abren una dimensión claramente sobrenatural, demoníaca, que excede cualquier catástrofe natural conocida. La segunda trompeta describe «una gran montaña ardiendo en fuego» que cae sobre el mar (8:8): este libro no rehúye la lectura literal de un fenómeno que la astronomía moderna identificaría como el impacto de un asteroide, y observa, con la cautela apropiada, que objetos reales —como Apophis — son monitoreados hoy por agencias espaciales con preocupación creciente.

La quinta trompeta libera, del abismo, una plaga de «langostas» cuya descripción —rostros humanos, cabello de mujer, dientes de león, coronas de aspecto dorado, capacidad de atormentar como escorpiones durante cinco meses— excede por completo lo que cualquier langosta literal podría hacer, y el propio texto lo confirma al precisar que «no dañasen a la hierba de la tierra, ni a cosa verde alguna, ni a ningún árbol» (9:4), algo que ninguna langosta real dejaría de hacer. Este libro las identifica, por tanto, como seres demoníacos liberados, bajo el mando de un «ángel del abismo» llamado Abadón en hebreo y Apolión en griego —es decir, «el destructor»—. El detalle de los nombres no es un adorno erudito: en ambas lenguas, el ser que comanda esta plaga lleva por nombre su propia función, «destrucción» y «destructor», en contraste deliberado con el Cristo que se presenta como «la resurrección y la vida». Que el abismo tenga un «rey» (9:11) —cuando el texto había dicho que las langostas naturales «no tienen rey» (Proverbios 30:27)— confirma, por sí solo, que no se habla de insectos sino de un ejército espiritual organizado bajo un mando. La sexta trompeta introduce, además, un ejército de doscientos millones, una cifra que en el siglo I resultaba prácticamente inconcebible y que hoy, según observa este capítulo, varias naciones podrían movilizar.

El silencio de «como por media hora» que sigue a la apertura del séptimo sello (8:1) recibe en este capítulo una lectura conmovedora: todo el cielo, que en los capítulos anteriores no ha dejado de cantar, se detiene. Las oraciones de los santos suben junto con el incienso (8:3-4), y los juicios que siguen se presentan como la respuesta directa a esas oraciones —no una venganza caprichosa, sino la atención, largamente esperada, a un clamor de justicia. El paralelo con las diez plagas de Egipto recorre todo el capítulo: como entonces, los juicios escalan en intensidad, los sellados quedan protegidos mientras el resto sufre, y el endurecimiento del corazón humano —«no se arrepintieron de sus obras», dice el texto sobre los sobrevivientes (9:20-21)— se repite con la misma obstinación que mostró Faraón.

Sobre la pregunta de dónde se encuentra la Iglesia durante estos juicios, este libro no introduce matices nuevos respecto de los capítulos anteriores: los veinticuatro ancianos y la asamblea celestial de Apocalipsis 4 y 5 ya están en el cielo antes del primer sello, no aparecen en ningún momento entre los capítulos 6 y 18 como actores terrenales, y la promesa de que la Iglesia «no ha sido puesta para ira» (1 Tesalonicenses 5:9) se sostiene, en esta lectura, sin excepción.

CAPÍTULO 21

Bloques económicos y el camino hacia un gobierno mundial

— * —

Este capítulo traslada la profecía de Daniel y Apocalipsis al terreno de la actualidad geopolítica, con la convicción de que un gobierno mundial único —descrito en Apocalipsis 13:7 como una autoridad «sobre toda tribu, pueblo, lengua y nación»— no surge de la nada, sino que se construye, ladrillo a ladrillo, a través de estructuras que ya existen hoy: la Unión Europea como el experimento de integración supranacional más avanzado, los BRICS ampliados como alternativa económica al sistema occidental, el bloque ASEAN en Asia-Pacífico, y organismos como la ONU, el FMI o el Foro Económico Mundial como articuladores de una agenda explícitamente global.

El capítulo dedica especial atención a la infraestructura tecnológica del control financiero descrito en Apocalipsis 13:16-17 —«que ninguno pudiese comprar ni vender, sino el que tuviese la marca»—: las monedas digitales de banco central, programables por diseño y ya en fase de desarrollo en más de ciento treinta países; los sistemas de crédito social que condicionan el acceso a bienes y servicios según el comportamiento ciudadano; los proyectos de identidad digital universal; y el avance hacia sociedades que operan, cada vez más, sin dinero en efectivo —y, por tanto, sin la posibilidad de una transacción anónima. Ninguno de estos elementos es, según este libro, la marca de la bestia en sí misma, pero todos construyen, sin que sus arquitectos lo perciban como tal, la plataforma exacta que ese sistema necesitaría para funcionar.

Los «diez reyes» de Apocalipsis 17:12-13, que «entregarán su poder y su autoridad a la bestia», se leen aquí no como diez naciones predeterminadas sino como una estructura final —posiblemente regional— que emerge de la configuración multipolar actual del mundo; el propio Daniel describe esa fase final como «hierro mezclado con barro» (2:41-43): fuerte y frágil a la vez, una alianza de poder coercitivo y voluntad popular que no llega a fusionarse del todo. Israel, y específicamente Jerusalén, ocupa el centro de todo este mapa: «pongo a Jerusalén por copa que hace temblar a todos los pueblos de alrededor» (Zacarías 12:2), y cualquier intento de dividir esa tierra —incluidos los procesos de paz contemporáneos— entra, según este libro, directamente en el terreno del juicio de Joel 3:2.

Aquí conviene una advertencia que este libro considera tan importante como el propio dato: leer las señales no es lo mismo que descifrar titulares. El error recurrente de cierta enseñanza profética popular ha sido convertir cada nuevo organismo internacional, cada tratado y cada avance tecnológico en «la» señal definitiva, fijando identificaciones que el tiempo después desmiente y dejando, como saldo, descrédito sobre toda la disciplina. Este capítulo propone un criterio más sobrio: distinguir entre el patrón —la innegable convergencia del mundo hacia estructuras de poder y de control cada vez más globales, exactamente en la dirección que la profecía anticipa— y la pretensión de identificar piezas concretas con nombres propios antes de tiempo. El discernimiento maduro observa la corriente sin nombrar el barco; reconoce hacia dónde fluye el río sin presumir el día exacto de la crecida.

El capítulo cierra con una distinción pastoral importante: la respuesta de la Iglesia frente a este sistema en construcción no es la rebelión política —Romanos 13 sostiene la legitimidad del orden civil mientras no se complete la apostasía final — sino el discernimiento y la urgencia evangelística. «Paz y seguridad» (1 Tesalonicenses 5:3), el eslogan que tantas veces repiten los foros internacionales de hoy, es leído aquí no como un logro a celebrar sino como la señal lingüística más clara de que la catástrofe final se acerca.

CAPÍTULO 22

Los Acuerdos de Abraham y el pacto de Daniel 9:27

— * —

Este capítulo examina, con el cuidado que merece cualquier intento de leer la actualidad a la luz de la profecía, los Acuerdos de Abraham de 2020 —la normalización de relaciones entre Israel y varias naciones árabes, comenzando por los Emiratos Árabes Unidos, Baréin, Sudán y Marruecos— como un posible anticipo, o incluso componente, del pacto que el Anticristo «confirmará con muchos por una semana» (Daniel 9:27). El libro es explícito en señalar lo que estos acuerdos no son: no tienen un período definido de siete años, no incluyen el reinicio de sacrificios en un Templo reconstruido —algo que el propio Daniel 9:27 presupone, ya que el Anticristo «hace cesar» un sacrificio que antes debía existir—, y quien los firma es un mediador político, no «el príncipe que ha de venir» en persona.

Lo que sí encuentra significativo este capítulo es el patrón: los Acuerdos crean el precedente diplomático de una paz árabe-israelí que no depende de la creación de un Estado palestino, construyen el «anillo de paz» alrededor de Israel que cualquier pacto futuro necesitaría como base, y su arquitecto político los describió explícitamente como «la base de una paz regional más amplia» —un lenguaje que este libro encuentra, cuanto menos, sugerente. La advertencia profética que acompaña a cualquier optimismo geopolítico es la de Jeremías 6:14: «curan la herida de mi pueblo con ligereza, diciendo: Paz, paz; y no hay paz».

El capítulo conecta este escenario con la guerra de Gog y Magog de Ezequiel 38 y 39, que describe a Israel habitando «con seguridad» y «sin muros» (38:11) —una descripción que, según este libro, encaja mejor con un Israel en paz relativa que con uno en plena tribulación—, y con la condición material necesaria para que el Anticristo pueda «hacer cesar el sacrificio»: un Templo en funcionamiento. Aquí el libro documenta, con cierto detalle, el trabajo del Instituto del Templo en Jerusalén, que ha reproducido utensilios litúrgicos completos, ha identificado y entrenado a sacerdotes de linaje aarónico, y —el dato más citado— ha supervisado la crianza, desde 2022, de vaquillas rojas sin defecto conforme al requisito de Números 19 para la purificación del recinto sagrado, un ritual que no se había practicado en dos mil años.

Conviene insistir, sin embargo, en la diferencia entre lo que la profecía afirma y lo que el comentarista conjetura. Que exista hoy una infraestructura diplomática y litúrgica sin precedente desde el siglo primero es un hecho verificable; que esa infraestructura sea, en efecto, la antesala inmediata del pacto de Daniel 9:27 es una lectura razonable, pero una lectura, no una certeza. Este libro abraza la primera afirmación con confianza y sostiene la segunda con humildad: el patrón converge, pero solo el cumplimiento, cuando llegue, confirmará la interpretación. Mientras tanto, el creyente honesto distingue entre observar con atención y afirmar con presunción —y prefiere, siempre, quedarse corto en sus pronósticos antes que comprometer la credibilidad de la Palabra con un calendario que ella misma no autoriza.

El cierre del capítulo insiste en una distinción que recorre todo el libro: observar estas señales no equivale a calcular fechas. La respuesta que este libro propone frente a la convergencia de estos indicadores no es la ansiedad ni la fijación en la actualidad noticiosa, sino cuatro disposiciones concretas: discernimiento frente al optimismo fácil sobre la paz mundial, urgencia evangelística mientras el tiempo lo permite, santidad práctica como fruto natural de la esperanza, y oración intercesora por Israel, por el Medio Oriente y por quienes toman las decisiones que, sin saberlo, podrían estar acercando el cumplimiento de lo escrito.

CAPÍTULO 23

La cuarta vigilia y el mes de Abib-Nisán

— * —

Retomando el sistema de las cuatro vigilias nocturnas presentado en la Parte II, este capítulo profundiza en la cuarta —las horas que preceden al amanecer— y en su conexión con Nisán, el primer mes del calendario sagrado hebreo, establecido por Dios mismo en Éxodo 12:2: «este mes os será principio de los meses». El recorrido histórico que ofrece este capítulo es notable por su consistencia: las aguas del diluvio se secan en Nisán; la Pascua y el Éxodo ocurren en Nisán; Israel cruza el Jordán hacia la tierra prometida en Nisán; Ezequías reabre el Templo en Nisán; el decreto de Artajerjes que autoriza la reconstrucción de Jerusalén —el punto de partida del cómputo profético de Daniel 9— se da en Nisán; la entrada triunfal de Jesús en Jerusalén ocurre en Nisán; y, por supuesto, su muerte y resurrección.

Vale la pena explicar por qué este mes concentra tantos hitos, porque no es una coincidencia del azar sino una decisión del legislador. Antes del Éxodo, el año hebreo comenzaba en el otoño; al instituir la Pascua, Dios reordena el calendario y declara que Abib —llamado Nisán tras el exilio— será «principio de los meses» (Éxodo 12:2). Abib significa «espiga verde», el mes de la primera maduración de la cebada: el mes, por tanto, de las primicias. Que la redención de Israel quede anclada en el mes de las primeras espigas no es casual, porque toda la teología de la cosecha —Cristo «primicias de los que durmieron», la Iglesia como siega posterior— se inscribe en ese mismo calendario. Nisán es, en el lenguaje de las estaciones, el mes de los comienzos redentores: el mes en que Dios saca, libra, abre camino.

Sobre este patrón, el capítulo construye una hipótesis que presenta con cautela explícita: si Dios actúa de manera consistente en Nisán a lo largo de toda la historia redentora, es razonable —no seguro, pero razonable— esperar que el arrebatamiento de la Iglesia, entendido como la culminación de la cosecha cuyas primicias fue la resurrección de Cristo, siga el mismo patrón estacional. El libro examina también la fiesta de las Trompetas (Tishrei), tradicionalmente asociada al arrebatamiento por otros maestros del pretribulacionismo, y no presenta ambas posibilidades —Nisán o Tishrei— como mutuamente excluyentes, sino como dos lecturas del mismo misterio que la Escritura no resuelve con precisión total.

El capítulo dedica una sección considerable a un cómputo específico de fechas, derivado de la combinación del calendario de turnos sacerdotales, la concepción de

Juan el Bautista y el ministerio público de Jesús, que sitúa hipotéticamente el arrebatamiento en la primavera de un año cercano, la abominación de desolación tres años y medio después, y el retorno visible de Cristo siete años después de eso. Este libro presenta ese cálculo de manera transparente, pero con una advertencia que no se diluye en el entusiasmo del propio argumento: Mateo 24:36 reserva «el día y la hora» exclusivamente al Padre, y cualquier ejercicio de este tipo debe leerse como reconocimiento de un patrón estacional, nunca como una fecha cerrada.

El capítulo encuentra su anclaje más sólido, lejos de cualquier cálculo, en la historia de Ester: el decreto de exterminio contra los judíos se firma en Nisán, pero la liberación final llega meses después, invirtiendo por completo lo que parecía una sentencia irreversible. Ese patrón —lo que el adversario calcula como destrucción, Dios lo convierte en liberación— es, según este libro, la clave de lectura más segura para cualquier estudio de tiempos y sazones: no la precisión del calendario, sino la fidelidad del que lo gobierna.

CAPÍTULO 24

Patrones bíblicos del arrebatamiento: un mapa, no una predicción

— * —

Este capítulo reúne y sistematiza el argumento más amplio de la Parte III: a lo largo de toda la Escritura, Dios libera a los justos antes de que el juicio caiga, nunca después. Enoc es trasladado antes del diluvio; Lot es sacado de Sodoma antes de que llueva fuego, con el ángel declarando explícitamente «no podré hacer nada hasta que hayas llegado allí» (Génesis 19:22); Rahab y su familia son rescatados antes de la caída de Jericó; Jeremías es protegido cuando Jerusalén cae; Ester y su pueblo son librados antes de la fecha fijada para su exterminio. El patrón, repetido con tanta consistencia, funciona en este libro como el argumento tipológico más fuerte a favor de un arrebatamiento que precede a la tribulación, y no que la atraviesa.

El capítulo añade a este argumento general tres piezas más técnicas: el cálculo del turno sacerdotal de Abías —el octavo de los veinticuatro turnos establecidos por David (1 Crónicas 24)—, que permite estimar, a partir del relato de Lucas 1, los meses aproximados de la concepción de Juan el Bautista y de la anunciación a María; el principio de que las setenta semanas de Daniel se dividen en sesenta y nueve, ya cumplidas con precisión verificable en la entrada triunfal de Jesús a Jerusalén, y una semana setenta aún pendiente; y los días adicionales que menciona Daniel 12 —mil doscientos noventa y mil trescientos treinta y cinco—, que este libro interpreta como marcadores sucesivos del juicio final del Anticristo y del establecimiento pleno del reino milenial.

Aquí conviene anticipar la objeción más seria que se hace a esta clase de argumento: que un patrón, por consistente que sea, no es una promesa, y que apoyar el momento del arrebatamiento en tipos del Antiguo Testamento corre el riesgo de leer en ellos más de lo que dicen. La respuesta de este libro es franca y matizada. Por un lado, reconoce que el momento exacto del arrebatamiento no se demuestra con tipos sino que se sostiene con textos doctrinales explícitos —1 Tesalonicenses 5:9, Apocalipsis 3:10—, y que las figuras de Enoc o Lot ilustran y confirman, pero no fundan por sí solas, la doctrina. Por otro, insiste en que la consistencia del patrón no es un detalle decorativo: cuando Dios actúa de la misma manera una y otra vez —sacar al justo antes del fuego—, esa regularidad revela algo de su carácter, y la carga de la prueba recae sobre quien sostenga que, esta única vez, Dios hará lo contrario. El tipo no demuestra la fecha; pero ilumina la lógica.

El capítulo es, sin embargo, explícito en su propia metodología: «decir que Dios tiene un patrón de actuar en Nisán es diferente de decir que el arrebatamiento será en el año X». La diferencia entre reconocer un patrón y presumir una fecha exacta es, para este libro, la línea que separa el discernimiento bíblico responsable de la especulación que tantas veces ha avergonzado a movimientos profético-populares del pasado.

La aplicación final, una vez más, no es el cálculo sino la disposición del corazón: mantener «el aceite» —la vida en el Espíritu, sostenida en oración y en la Palabra — de manera constante, evangelizar con urgencia mientras el tiempo lo permite, y vivir desapegado del sistema del mundo sin caer, advierte el capítulo, en la ansiedad permanente que paraliza en lugar de preparar.

CAPÍTULO 25

Hermenéutica profética: cuándo leer literalmente y cuándo simbólicamente

— * —

Pocos capítulos de este libro son tan metodológicos como este, y pocos son tan necesarios: sin una regla clara para decidir qué es literal y qué es simbólico en la profecía bíblica, cualquier conclusión queda a merced de la imaginación del lector. La regla que este libro defiende, derivada del propio patrón de las visiones bíblicas, es sencilla de enunciar: cuando el profeta es transportado al cielo y describe lo que ve allí —el trono, los seres vivientes, los veinticuatro ancianos—, lo que describe es literal, la realidad misma del ámbito celestial. Cuando el profeta, en cambio, describe acontecimientos terrenales mediante imágenes —bestias que emergen del mar, una mujer vestida del sol, una ciudad montada sobre una bestia—, esas imágenes son simbólicas, y representan realidades históricas y políticas que el propio texto, casi siempre, se encarga de identificar.

La prueba de este principio está en el propio texto bíblico: Daniel 7 ve cuatro bestias, y el ángel se lo explica sin ambigüedad: «estas cuatro grandes bestias son cuatro reyes que se levantarán en la tierra» (7:17); Daniel 8 ve un carnero y un macho cabrío, y de nuevo el ángel lo explica con nombres propios: Media y Persia, Grecia. Apocalipsis 17 ve una mujer sobre una bestia, y el ángel aclara: «la mujer que has visto es la gran ciudad que reina sobre los reyes de la tierra» (17:18). En cada caso, este libro insiste, la Escritura no deja la interpretación a la imaginación del lector: provee su propio diccionario, y ese diccionario —bestia es reino, cuerno es rey, mujer es ciudad o sistema, aguas son pueblos, dragón es Satanás, lámparas son iglesias— debe usarse de manera consistente en todo el resto del libro.

Un ejemplo sencillo muestra cómo se aplica la regla en la práctica, y por qué importa. Cuando Apocalipsis 1:16 describe «siete estrellas» en la mano de Cristo y «una espada aguda de dos filos» saliendo de su boca, un lector ingenuo podría imaginarse una escena grotesca; pero el propio texto desactiva el malentendido tres versículos después: «las siete estrellas son los ángeles de las siete iglesias» (1:20), y la «espada» se identifica en otros lugares con «la palabra de Dios» (Hebreos 4:12; Efesios 6:17). El símbolo, lejos de invitar a la fantasía, viene con su propia clave. La disciplina del intérprete consiste en buscar primero esa clave dentro de la Escritura —en el contexto inmediato, en el resto del libro, en el conjunto del canon— antes de recurrir a la imaginación. Lo literal y lo simbólico no son, entonces, una elección de gusto del lector, sino una lectura que el texto mismo dirige.

El capítulo aplica esta regla a dos casos especialmente debatidos. La mujer de Apocalipsis 12 —vestida del sol, con la luna bajo sus pies y una corona de doce estrellas— recibe su identificación, según este libro, no de la imaginación sino de Génesis 37:9, donde José sueña con exactamente esos mismos elementos representando a Jacob, a su esposa y a los doce patriarcas: la mujer, por tanto, es Israel, no María ni la Iglesia, y el hecho de que «dé a luz» al Mesías y huya al desierto durante la tribulación confirma esa lectura, porque la Iglesia ni da a luz a Cristo ni atraviesa los siete años finales. Las langostas de Apocalipsis 9, por su parte, no pueden ser insectos literales porque el propio texto dice que no dañan la vegetación —algo que ninguna langosta real dejaría de hacer—, y su descripción híbrida apunta, en cambio, a una entidad demoníaca liberada del abismo.

El capítulo cierra con una afirmación que vale la pena subrayar, porque corrige un malentendido frecuente sobre la escatología defendida en este libro: el Anticristo no es, para esta lectura, un símbolo de la maldad genérica sino una persona real, humana, identificable en su momento —«el número de la bestia... es el número de un hombre» (Apocalipsis 13:18)—. La hermenéutica que distingue lo literal de lo simbólico, bien aplicada, no diluye la profecía en alegoría: la hace, según este libro, más precisa, no menos.

CAPÍTULO 26

Daniel 2 y Apocalipsis 17: los siete imperios de la historia

— * —

El sueño de Nabucodonosor en Daniel 2 —una estatua de oro, plata, bronce, hierro, y finalmente hierro mezclado con barro— es, según este libro, el resumen más completo que ofrece la Escritura de la historia humana entre Babilonia y el reino final de Cristo. Cada metal corresponde a un imperio que efectivamente gobernó el mundo conocido y, en algún momento de su historia, oprimió al pueblo de Israel: la cabeza de oro es Babilonia; el pecho y los brazos de plata, Medo-Persia; el vientre y los muslos de bronce, Grecia; las piernas de hierro, Roma; y los pies, mezcla de hierro y barro, un reino final, todavía futuro, que combina fuerza coercitiva con una fragilidad estructural que el propio texto describe: «no se unirán el uno con el otro, como el hierro no se mezcla con el barro» (2:43). El cuadro siguiente alinea las dos visiones que cuentan la misma historia:

Imperio	Daniel 2 (estatua)	Daniel 7 (bestia)	Estado en tiempos de Juan (Ap 17)
Babilonia	Cabeza de oro	León con alas	Caído
Medo-Persia	Pecho y brazos de plata	Oso	Caído
Grecia	Vientre y muslos de bronce	Leopardo de cuatro cabezas	Caído
Roma	Piernas de hierro	Bestia terrible con diez cuernos	«Uno es» (vigente)
Reino final	Pies de hierro y barro	Cuerno pequeño / diez reyes	«Aún no ha venido»

Apocalipsis 17 ofrece, según este libro, la misma historia contada desde otro ángulo: siete reyes o imperios, de los cuales «cinco han caído» en tiempos de Juan —Egipto, Asiria, Babilonia, Medo-Persia, Grecia—, «uno es» —Roma, vigente cuando Juan escribe— y «el otro aún no ha venido» —el imperio final del Anticristo, identificado además como un misterioso «octavo rey» que «era, y no es», emergiendo de entre los siete anteriores con un componente que el texto describe como procedente «del abismo» (17:8). La «herida de muerte sanada» de una de las cabezas de la bestia (13:3), que provoca la maravilla y la adoración de «toda la tierra», se lee aquí como una imitación deliberada y blasfema de la resurrección de Cristo, el acto que más eficazmente convencerá al mundo de rendirle culto.

El capítulo traza la raíz de todo este sistema hasta Nimrod, fundador de Babel, descrito en Génesis 10 como «poderoso cazador delante de Jehová» —expresión que este libro lee, siguiendo a varios comentaristas, como oposición antes que piedad—, y constructor del primer intento de gobierno y religión unificados de la historia post-diluviana: una sola lengua, una sola ciudad, una sola torre, y el lema que resume el espíritu de todo el proyecto: «hagámonos un nombre» (11:4). La Babilonia espiritual de Apocalipsis 17 y 18, sostiene este libro, no es solo una ciudad sino la herencia institucional de ese mismo espíritu, atravesando toda la historia humana hasta su forma final.

Antíoco IV Epífanes, el rey seléucida que profanó el Templo de Jerusalén en el año 167 antes de Cristo erigiendo un altar a Zeus y prohibiendo el culto judío, recibe en este capítulo un tratamiento extenso como el tipo histórico más completo del Anticristo: su propio título, «Epífanes», significa «manifestación de Dios» —la misma blasfemia que 2 Tesalonicenses 2:4 atribuye al impostor final—, y su derrota a manos de una minoría fiel, los Macabeos, anticipa, según este libro, la resistencia que ofrecerán los ciento cuarenta y cuatro mil y el remanente fiel de Israel durante la gran tribulación. El capítulo cierra situando al lector «en los tobillos» de la estatua de Daniel: el hierro puro de Roma ya pasó; los pies de hierro y barro del sistema final todavía se están formando, y observarlos formarse, concluye este libro, no es alarmismo sino discernimiento informado por la Palabra.

CAPÍTULO 27

¿Quién es la esposa del Cordero?

— * —

Este capítulo cierra el argumento central de la Parte III examinando una de las preguntas que más confusión genera en la lectura popular del Apocalipsis: ¿quién es, exactamente, «la esposa del Cordero»? La Escritura, según este libro, distingue con cuidado entre la novia —la Iglesia, comprada con la sangre de Cristo y presentada «como una virgen pura» (2 Corintios 11:2)—, los invitados a la boda —los redimidos del Antiguo Testamento y de la tribulación, descritos por Juan el Bautista como «el amigo del esposo» (Juan 3:29), un papel distinto al de la novia misma— y la morada de la novia, la Nueva Jerusalén, una ciudad que «desciende» del cielo y que el propio texto compara con una esposa sin llegar a identificarla con ella de manera absoluta (Apocalipsis 21:2,9-10).

Para apreciar el peso de estas imágenes conviene recordar cómo era una boda judía del siglo primero, porque el Nuevo Testamento la da por sabida y construye sobre ella toda su esperanza nupcial. El matrimonio se celebraba en dos tiempos separados por meses, a veces por un año entero. Primero venía el desposorio (en hebreo, kidushín): un pacto formal, legalmente vinculante —los novios eran ya marido y mujer en derecho, aunque no convivieran—, sellado con el pago de una dote y una copa compartida. Tras el desposorio, el novio regresaba a la casa de su padre para preparar la morada de la pareja, y se marchaba con una promesa que el oído cristiano reconoce de inmediato: «voy, y os preparo lugar... vendré otra vez, y os tomaré a mí mismo» (Juan 14:2-3). La fecha exacta del regreso no la fijaba el novio, sino el padre, cuando juzgaba terminada la morada —de ahí que «del día y la hora nadie sabe... sino solo mi Padre» (Mateo 24:36) sea, antes que un enigma, el lenguaje propio de la boda—. Y cuando al fin llegaba, lo hacía de noche, de improviso, precedido por un grito y el sonido del shofar, para llevarse a la novia que lo aguardaba con su lámpara encendida (Mateo 25:6). Cada pieza del cuadro —el pacto sellado con sangre, la copa de la cena, la casa que se prepara, el regreso súbito, la trompeta, las lámparas— deja de ser metáfora suelta y se revela como un solo relato: la historia de la Iglesia esperando a su Esposo.

El Antiguo Testamento, recuerda este capítulo, ya había descrito a Israel como esposa de Dios desde el pacto del Sinaí —un matrimonio roto por la idolatría, según la imagen extensa de Ezequiel 16, y formalmente «divorciado» cuando el reino del norte fue deportado por Asiria (Jeremías 3:8), aunque con la promesa de una restauración futura: «te desposaré conmigo para siempre... en fidelidad» (Oseas

2:19-20). La Iglesia, en cambio, es una novia distinta, revelada como «misterio» en el Nuevo Testamento (Efesios 5:32), nunca antes desposada, presentada a Cristo como virgen. Israel y la Iglesia, sostiene este libro, son dos relaciones matrimoniales distintas con el mismo Dios, en momentos distintos de la historia de la redención —no la misma novia bajo dos nombres.

La identidad de la mujer de Apocalipsis 12 —ya tratada en el capítulo anterior bajo la clave hermenéutica del simbolismo terrenal— se retoma aquí desde el ángulo nupcial: si la mujer es Israel, como sostiene este libro a partir de Génesis 37:9, entonces no puede ser, al mismo tiempo, la novia del Cordero en sentido neotestamentario, y los errores de identificarla con María o con la Iglesia comparten la misma raíz: ignorar que la mujer «da a luz» al Mesías —algo que solo describe a Israel, no a la Iglesia, que nace después de Cristo y no antes— y que huye al desierto durante la tribulación, un período del que la Iglesia, según el argumento sostenido en todo el libro, ya ha sido retirada.

El capítulo culmina con la imagen del olivo de Romanos 11: una sola raíz —los patriarcas y las promesas del pacto—, ramas naturales —Israel, algunas desgajadas por incredulidad, pero nunca la totalidad del árbol— y ramas injertadas —los creyentes gentiles de la Iglesia, sostenidos por la raíz, no al revés—. «No te jactes contra las ramas», advierte Pablo (11:18), y este libro recoge esa advertencia como el resumen más justo de toda la Parte III: Israel y la Iglesia son entidades distintas, con destinos distintos y temporalidades distintas, pero ambas pertenecen, sin excepción ni sustitución, a un único árbol y a un único plan de Dios.

Cierre de la Parte III

El corazón que dejó de escuchar

— * —

Esta parte del libro cierra con un estudio de naturaleza distinta a los anteriores: no trata directamente de cronologías ni de imperios, sino de una de las preguntas más incómodas de toda la teología, examinada a través del caso de Faraón. Cuando Éxodo 4:21 anuncia que Dios «endurecerá» el corazón del rey de Egipto, surge una tensión que el capítulo no intenta disolver con facilidad: ¿le quitó Dios, de antemano, la posibilidad real de creer? Y si fue así, ¿es justo el juicio que después cae sobre él?

La respuesta que ofrece este capítulo descansa en la lectura cuidadosa de la secuencia del propio relato: en los primeros episodios de las plagas, es Faraón quien «endurece su propio corazón» (Éxodo 8:15; 8:32; 9:34) —una decisión humana, repetida, libre—; solo después, a partir de Éxodo 9:12, el texto comienza a decir que es Dios quien lo endurece. El endurecimiento divino, sostiene este libro, no precede a la decisión humana sino que la confirma y la sella: es, en términos de Romanos 1:24-28, un «entregar» antes que un «empujar». Dios no quita la libertad de nadie para después condenarlo por usarla; permite, en cambio, que la dirección ya elegida se vuelva irreversible.

El capítulo conecta este patrón individual con un fenómeno de escala global anunciado para los últimos tiempos: 2 Tesalonicenses 2 describe un «poder engañoso» que Dios permite, para que quienes rechazaron deliberadamente la verdad terminen «creyendo la mentira» del Anticristo. El mismo principio que operó en un solo hombre hace tres mil años, sugiere este libro, operará en una generación entera. La pregunta que cierra el capítulo, y con ella toda esta parte del libro, no es teórica: «diez plagas, diez oportunidades. ¿Cuántas veces has dicho 'todavía no'?». Sin negar ni la soberanía de Dios ni la responsabilidad humana —el libro insiste en sostener ambas verdades a la vez, sin que ninguna cancele a la otra —, la lección pastoral final es simple: la puerta de la gracia, mientras se mantiene abierta, sigue siendo una invitación, no una sentencia. Y mientras el lector tenga en sus manos este libro y aliento en sus pulmones, esa puerta —concluye esta tercera parte— todavía no se ha cerrado.

PARTE IV

ESCATOLOGÍA PRÁCTICA Y PREPARACIÓN

Vivir y velar en el tiempo del fin

Conocer el final no es un dato: es una forma de vivir el presente.

CAPÍTULO 28

Los veinticuatro ancianos: ¿quiénes están ante el trono?

— * —

Apocalipsis 4 describe veinticuatro figuras sentadas en tronos alrededor del trono de Dios, vestidas de blanco, con coronas de oro sobre la cabeza. Este capítulo argumenta, con cierto detalle filológico, que no pueden ser ángeles: ningún ángel recibe en toda la Escritura una stephanos —la corona de victoria reservada a quien ha competido y vencido—, ningún ángel viste de blanco como signo de justicia imputada, y ningún ángel canta, como cantan estos veinticuatro, «con tu sangre nos has redimido para Dios» (Apocalipsis 5:9): el pronombre «nos» excluye, de manera definitiva, a cualquier ser que no haya sido comprado por la cruz.

Conviene detenerse en las opciones que se han propuesto, porque el contraste afila el argumento. Algunos han visto en los veinticuatro ancianos a una clase de seres angélicos de alto rango; pero, como ya se ha dicho, los ángeles ni visten la justicia imputada ni cantan haber sido redimidos por sangre. Otros los identifican únicamente con Israel, o únicamente con la Iglesia; este libro, atendiendo al número, propone una lectura más amplia y más rica: veinticuatro es, exactamente, la suma de los doce patriarcas de Israel y los doce apóstoles de la Iglesia, los dos grupos cuyos nombres están inscritos —según la propia visión de la Nueva Jerusalén— en las doce puertas y en los doce cimientos de la ciudad (Apocalipsis 21:12-14). Vistos así, los ancianos representan la totalidad del pueblo redimido de ambos pactos, reunido ante el trono antes de que caiga el primer juicio. El número, por tanto, no es decorativo: es un censo simbólico de los salvos.

El número veinticuatro, lejos de ser arbitrario, conecta además con las veinticuatro divisiones sacerdotales que David estableció para el servicio del Templo (1 Crónicas 24), el mismo sistema al que perteneció Zacarías, padre de Juan el Bautista, en el turno de Abías (Lucas 1:5). Así como aquellos veinticuatro turnos representaban, cada uno, a todo el sacerdocio en su servicio rotativo, estos veinticuatro ancianos representan, ante el trono, la totalidad del sacerdocio redimido —«reyes y sacerdotes» (Apocalipsis 5:10)— que ya no sirve por turnos sino sin interrupción.

El dato que más interesa a la arquitectura argumental de este libro es cronológico: los veinticuatro ancianos ya están sentados, coronados y adorando en el capítulo 4, antes de que se abra el primer sello en el capítulo 6. Si representan a los redimidos —y este libro sostiene que no pueden representar a otra cosa—, su presencia en el cielo antes del inicio de los juicios es, una vez más, un argumento más a favor del arrebatamiento pretribulacional que recorre toda la obra. Su gesto de echar las coronas ante el trono (4:10) y entonar el «nuevo cántico» (5:9) anticipa, según este capítulo, el destino que espera a todo creyente fiel: no la pasividad de la eternidad, sino la participación activa en la adoración, en la intercesión y en el gobierno del reino venidero.

CAPÍTULO 29

El tribunal de Cristo: recompensa, no condena

— * —

«Es necesario que todos nosotros comparezcamos ante el tribunal de Cristo» (2 Corintios 5:10). Este capítulo dedica buena parte de su desarrollo a una distinción que considera vital y frecuentemente confundida: el «tribunal de Cristo» —en griego bēma— no es el Gran Trono Blanco. Es un evento exclusivo para los creyentes, ocurre entre el arrebatamiento y la segunda venida, y su propósito no es decidir la salvación —ya resuelta por gracia— sino evaluar la calidad de las obras realizadas después de ella.

La palabra bēma ilumina toda la escena. En las ciudades grecorromanas, el bēma era la plataforma elevada desde la cual las autoridades presidían; en el contexto de los juegos atléticos —que Pablo evoca una y otra vez—, era el estrado del juez que, terminada la carrera, entregaba la corona al vencedor. No era un banquillo de acusados ni un tribunal penal: era el podio de la premiación. El propio Pablo había estado físicamente ante un bēma en Corinto, cuando Galión lo juzgó (Hechos 18:12-16), de modo que la imagen no era abstracta para sus lectores. Cuando dice que compareceremos «ante el bēma de Cristo», no evoca el terror del reo que espera sentencia, sino la expectación del atleta que se acerca al estrado a recibir lo que su esfuerzo mereció. La pregunta del bēma no es «¿soy salvo?» —eso ya quedó resuelto en la cruz— sino «¿qué hice con la salvación que recibí?».

La imagen de 1 Corintios 3:12-15 organiza todo el capítulo: cada creyente edifica sobre el fundamento de Cristo con materiales de dos clases. Oro, plata y piedras preciosas —obras motivadas por amor genuino, hechas «como para el Señor»— resisten el fuego de la evaluación. Madera, heno y hojarasca —obras hechas por vanidad, por costumbre religiosa o por conveniencia— se queman, y quien las hizo «sufrirá pérdida, si bien él mismo será salvo, aunque así como por fuego» (3:15): la salvación no está en juego, pero el galardón sí. Este libro enumera, a partir de distintos pasajes paulinos, cinco coronas que la Escritura promete a la fidelidad:

Corona	Se concede a	Texto
De vida	Quien resiste la prueba y la persecución	Santiago 1:12; Apocalipsis 2:10
Incorruptible	Quien ejerce dominio propio	1 Corintios 9:25
De gloria	Los pastores fieles del rebaño	1 Pedro 5:4
De justicia	Quienes aman su venida	2 Timoteo 4:8

Corona	Se concede a	Texto
De gozo (o gloriarse)	Quien gana y forma discípulos	1 Tesalonicenses 2:19

Lo que se evalúa, insiste este capítulo, no es el volumen de la obra sino su motivación: «Dios... manifestará las intenciones de los corazones» (1 Corintios 4:5). La oración hecha de madrugada sin testigos, el perdón silencioso, la generosidad anónima —todo lo que el mundo nunca vio ni aplaudió— recibirá, según esta lectura, su reconocimiento pleno; y lo que el mundo aplaudió pero fue hecho por motivos egoístas, no recibirá ninguno. El capítulo propone una pregunta filtro para la vida cotidiana, sin caer en el legalismo: «¿podré presentar esto ante Cristo sin vergüenza?» —una paráfrasis directa de 1 Juan 2:28, donde el apóstol mismo se incluye entre quienes podrían sentir esa vergüenza si no permanecen fieles hasta el final.

CAPÍTULO 30

El gran trono blanco: el juicio final de los no redimidos

— * —

Apocalipsis 20:11-15 describe el último tribunal de la historia: un trono «blanco» —símbolo de pureza e imparcialidad absolutas— ante el cual comparecen «los muertos, grandes y pequeños», todos los seres humanos que jamás vivieron sin haber depositado su fe en Cristo. Este capítulo distingue con cuidado este juicio del tribunal de Cristo desarrollado en el capítulo anterior: el primero es exclusivo para creyentes y evalúa obras para otorgar o negar galardones; este, el Gran Trono Blanco, es exclusivo para los no redimidos y determina, según los libros abiertos y, sobre todo, según el Libro de la Vida, el destino eterno de cada uno. El contraste entre ambos juicios conviene tenerlo a la vista:

	Tribunal de Cristo (bēma)	Gran Trono Blanco
Quiénes	Solo los creyentes	Solo los no redimidos
Cuándo	Tras el arrebatamiento	Después del milenio
Qué se decide	Galardones, no la salvación	Destino eterno
Base	La calidad de las obras del salvo	El Libro de la Vida y los libros de obras
Resultado	Coronas que se pueden ganar o perder	Vida o «segunda muerte» (Ap 20:14-15)

Antes de este juicio, según el libro, los no redimidos permanecen conscientes en el Hades —una prisión temporal de la que Lucas 16 ofrece, en la parábola del rico y Lázaro, una descripción detallada: tormento, memoria, conciencia plena, separación—. El Gran Trono Blanco no introduce el castigo: lo formaliza, y el Hades mismo, cumplida su función, es «lanzado al lago de fuego» junto con la muerte (Apocalipsis 20:14). El capítulo subraya que el juicio no es uniforme: las obras registradas en los libros determinan grados de responsabilidad y, por extensión, de castigo —«el que sin conocerla hizo cosas dignas de azotes, recibirá pocos» (Lucas 12:48)—, aunque el criterio decisivo de vida o muerte sea, sin excepción, si el nombre está o no inscrito en el Libro de la Vida.

El capítulo no elude la pregunta apologética que este juicio suscita inevitablemente: ¿es justo? La respuesta que ofrece descansa en dos pilares: primero, que el juez es Cristo mismo (Juan 5:22,27), quien conoce la naturaleza humana «desde dentro» y no puede ser acusado de juzgar con distancia o desconocimiento; segundo, que la voluntad explícita de Dios «no quiere que ninguno perezca, sino que todos procedan al arrepentimiento» (2 Pedro 3:9), de modo que el Gran Trono Blanco no revela parcialidad divina sino la elección humana, sostenida hasta el final, de rechazar la gracia ofrecida. El capítulo cierra con la imagen que sigue inmediatamente a este juicio en el texto bíblico: la disolución del universo conocido (2 Pedro 3:10-12) y la aparición de un cielo y una tierra nuevos, donde «ya no habrá muerte, ni habrá más llanto, ni clamor, ni dolor» (Apocalipsis 21:4) —no porque el dolor se haya silenciado, sino porque su causa ha sido removida para siempre.

CAPÍTULO 31

El Anticristo: quién es, quién no es y el espíritu que ya opera

— * —

Este capítulo retoma y expande el estudio del Anticristo ya iniciado en la Parte I, distinguiendo con cuidado tres niveles del término: la figura escatológica individual y futura —«el hombre de pecado» de 2 Tesalonicenses 2, «la bestia» de Apocalipsis 13—; los «muchos anticristos» que, según 1 Juan 2:18-19, ya habían surgido en el siglo primero, personas que «salieron de nosotros, pero no eran de nosotros»; y «el espíritu del anticristo» (1 Juan 4:3), una orientación doctrinal identificable en cualquier época por una prueba muy concreta: todo sistema que niega que «Jesucristo ha venido en carne» —que diluye su humanidad real, su deidad plena, o la exclusividad de su obra salvífica— opera, según este libro, con ese mismo espíritu, independientemente de cuán «espiritual» se presente.

El capítulo es deliberadamente extenso al enumerar quién no es el Anticristo, en un esfuerzo explícito por frenar la especulación que ha caracterizado a ciertos sectores del cristianismo popular: no es el papado como institución —una identificación histórica de la Reforma que este libro considera desproporcionada frente al alcance real de la figura profética—; no es ningún líder histórico ya fallecido —Hitler, Stalin, Nerón—, porque el Anticristo se manifiesta después del arrebatamiento, no antes; no está ligado a ninguna religión específica existente; y, sobre todo, no puede ser identificado hoy, porque la Iglesia, según el argumento sostenido en todo el libro, será removida antes de su revelación.

Vale la pena nombrar las objeciones que aquí surgen, porque son las que el lector escucha con más frecuencia. «¿No fue Nerón el Anticristo, dado que su nombre suma 666?» El cómputo funciona solo en una transliteración hebrea forzada del nombre latino, y, sobre todo, Nerón murió sin cumplir ninguna de las acciones que la profecía exige —el pacto con Israel, la abominación en el Templo, la marca global—. «¿No será el papa, como enseñaron los reformadores?» La identificación nació de un contexto polémico concreto y choca con el alcance literalmente mundial y la cronología post-arrebatamiento de la figura. «¿No podría ser tal o cual político actual?» Quien lo afirme contradice el propio marco de este libro: si la Iglesia ya no está cuando el Anticristo se revela, entonces, por definición, ningún creyente de la era presente llegará a identificarlo. La conclusión no es la pereza intelectual de «no se puede saber nada», sino una disciplina: conocer el perfil sin nombrar al portador.

La «bestia del mar» de Apocalipsis 13 recibe aquí, además, un complemento: el «falso profeta», la segunda bestia, que «sube de la tierra» con apariencia mansa —«dos cuernos semejantes a los de un cordero»— pero «hablaba como dragón» (13:11), completando con el Anticristo y Satanás una «trinidad diabólica» que imita, sin poder crear nada propio, a la Trinidad divina. Sobre la marca de los 666, el capítulo es cuidadoso en señalar lo que el texto no dice: no especifica una tecnología concreta, no puede recibirse de manera involuntaria o accidental, y no está activa en el presente —contrario al pánico recurrente que asocia, erróneamente según este libro, vacunas, chips o sistemas de pago actuales con la marca bíblica—. Lo que el texto sí afirma es que recibirla constituye un acto consciente de adoración al impostor, con consecuencias irreversibles.

El cierre del capítulo ofrece cuatro pruebas prácticas para discernir el espíritu del anticristo en el presente, sin caer en la paranoia: una prueba doctrinal —¿qué confiesa sobre Cristo?—, una de autoridad —¿se somete a la Escritura o la desplaza?—, una de fruto —¿forma discípulos de Cristo o de sí mismo?— y una última, quizás la más reveladora, sobre la reacción ante la cruz: «el espíritu del anticristo invariablemente diluye, niega o evita la Cruz». El mejor antídoto, concluye este libro, no es el estudio obsesivo del impostor sino el conocimiento profundo del original: quien conoce bien a Cristo reconoce, casi instintivamente, cualquier falsificación.

CAPÍTULO 32

El Tercer Templo: ¿debe existir antes del regreso de Cristo?

— * —

Daniel 9:27 anuncia que el Anticristo «hará cesar el sacrificio y la ofrenda» a mitad de la semana setenta; 2 Tesalonicenses 2:4 lo describe sentándose «en el templo de Dios»; Apocalipsis 11:1-2 muestra a Juan recibiendo instrucciones de «medir el templo de Dios, el altar, y los que adoran en él». Los tres textos, sostiene este capítulo, presuponen la existencia de un templo judío en funcionamiento durante la tribulación —un Tercer Templo, distinto tanto del de Salomón como del de Zorobabel-Herodes, destruido en el año 70—. El argumento lingüístico que aporta mayor precisión es la distinción griega entre naós, el santuario interior donde habita la presencia divina, y hierón, el complejo completo: cuando Pablo escribe que el Anticristo «se sienta en el naós de Dios», el término elegido apunta, según este libro, a un edificio físico con función religiosa activa, no a una metáfora sobre la Iglesia.

El capítulo documenta con considerable detalle el estado actual de los preparativos: el Instituto del Templo en Jerusalén ha reconstruido utensilios litúrgicos completos —incluida una menorá de oro— y ha entrenado a sacerdotes de linaje aarónico verificado por pruebas genealógicas; el Sanedrín, reconstituido en 2004 después de mil seiscientos años sin existir como institución, ha realizado ceremonias sacrificiales simbólicas desde 2018; y, el dato que el libro encuentra más significativo, se han criado desde 2022 vaquillas rojas sin defecto, conforme al requisito ritual de Números 19, necesario para purificar el recinto antes de cualquier reinicio del culto. Ninguno de estos preparativos resuelve el problema de fondo —el Monte del Templo permanece bajo administración del Waqf islámico, y la Cúpula de la Roca ocupa el espacio que la mayoría de los arqueólogos identifica con el emplazamiento histórico—, pero su sola existencia, sostiene este libro, constituye una señal sin precedente desde el siglo primero.

El capítulo reconoce con honestidad la existencia de lecturas alternativas —la identificación patrística temprana, en autores como Ireneo e Hipólito, fue mayoritariamente literal; la tradición que se inicia con Orígenes y se consolida con Agustín leyó el «templo» como metáfora de la Iglesia infiltrada por el mal— y no descarta, además, la posibilidad de que el templo de Ezequiel 40 a 48, con su sistema de sacrificios «memoriales» y no expiatorios, sea distinto del templo profanado durante la tribulación: uno transitorio y profanable, el otro definitivo y milenial. Lo que el capítulo no relativiza es su aplicación final: mientras Jerusalén discute la posibilidad de un templo de piedra, cada creyente, recuerda este libro citando 1 Corintios 6:19, ya es «templo del Espíritu Santo» —la construcción más urgente, concluye, no ocurre en el Monte del Templo sino en el interior de cada persona.

CAPÍTULO 33

Los dos testigos: el ministerio que el mundo no puede silenciar

— * —

Apocalipsis 11 describe a dos figuras que profetizan durante mil doscientos sesenta días —la primera mitad de la gran tribulación—, vestidas de cilicio, con poder para cerrar el cielo y para convertir las aguas en sangre. Este capítulo defiende, frente a otras propuestas, la identificación de estos dos testigos con Moisés y Elías: sus poderes son literalmente los del Éxodo —agua convertida en sangre— y los de la sequía provocada por Elías en el Carmelo (1 Reyes 17:1; Santiago 5:17), ambos aparecen juntos en la Transfiguración (Mateo 17:3) conversando con Cristo sobre su «partida» en Jerusalén, y la profecía de Malaquías 4:5 sobre el regreso de Elías «antes que venga el día de Jehová» sigue, según este libro, sin cumplimiento literal pleno —el cumplimiento parcial en Juan el Bautista fue negado por el propio Juan (Juan 1:21)—.

El capítulo conecta a los dos testigos con la visión de Zacarías 4, donde dos «ungidos» —representados como olivos que alimentan continuamente un candelabro de oro con su aceite— supervisan la reconstrucción del segundo templo. La conexión no es una analogía suelta del autor, sino una cita: Apocalipsis 11:4 toma de Zacarías el lenguaje exacto y llama a los testigos «los dos olivos, y los dos candeleros que están en pie delante del Dios de la tierra». En la visión de Zacarías, los dos ungidos eran Zorobabel el gobernante y Josué el sumo sacerdote, las dos funciones —real y sacerdotal— que sostenían la obra de Dios en su tiempo; los olivos no producían luz por sí mismos, sino que canalizaban hacia el candelabro un aceite que no fabricaban. La imagen, aplicada a los dos testigos, dice mucho en pocas palabras: su poder no es propio sino suministrado, su tarea es mantener encendida la luz del testimonio en la hora más oscura, y lo hacen, como Zacarías escuchó, «no con ejército, ni con fuerza, sino con mi Espíritu» (Zacarías 4:6).

Su muerte, cuando «la bestia que sube del abismo» finalmente los vence, ocurre solo después de que su testimonio se ha completado —ningún poder humano puede tocarlos antes—, y la celebración que el mundo hace de su muerte, intercambiando regalos, se transforma en terror tres días y medio después, cuando «entró en ellos el espíritu de vida» ante «pueblos, tribus, lenguas y naciones» que los observan en lo que este libro no duda en describir como la primera transmisión global de un milagro en tiempo real, algo que la tecnología actual hace, por fin, plausible.

El terremoto que sigue a su ascensión, y los siete mil muertos que provoca, producen —según el texto— que «los demás se atemorizaron, y dieron gloria al Dios del cielo» (11:13): este libro lee ese episodio como el catalizador inicial del gran avivamiento nacional de Israel que Romanos 11:26 promete para el final de la tribulación. El capítulo cierra invitando al lector a verse a sí mismo, de manera modesta y sin poderes milagrosos, como un «testigo» en su propio contexto: «no con poderes milagrosos, pero sí con el mismo mandato» de dar testimonio fiel, cueste lo que cueste, confiando en que ningún silencio impuesto por la fuerza es, finalmente, permanente.

CAPÍTULO 34

El avaro y el fuego de la prueba

— * —

Este capítulo traslada el lenguaje del tribunal de Cristo, desarrollado anteriormente, a un terreno muy concreto: el dinero. 1 Corintios 3 describe un fuego que prueba la calidad de cada obra; Santiago 5:1-3 advierte a los ricos que «han acumulado tesoros para los días postreros», conectando explícitamente la avaricia con la proximidad del fin; y 2 Timoteo 3:2 incluye a los «avaros» en la lista de características que definirán a la humanidad en los últimos tiempos, justo después de «amadores de sí mismos». La avaricia, sostiene este libro, no es solamente un defecto de carácter: es, leída a la luz de estos textos, una de las señales escatológicas más visibles y menos reconocidas como tales.

La parábola del rico insensato (Lucas 12:16-21) ofrece, según este capítulo, el diagnóstico más preciso: Jesús llama «necio» —el mismo término que el Salmo 14 aplica a quien «dice en su corazón: no hay Dios»— a un hombre que nunca negó explícitamente la existencia de Dios, pero que vivió como si fuera irrelevante para sus decisiones económicas. La frase que cierra la parábola resume el argumento del capítulo entero: «no es rico para con Dios» (12:21) —es posible, advierte el texto, acumular una fortuna considerable y ser, al mismo tiempo, profundamente pobre.

A escala institucional, este libro identifica en «Babilonia» —la ciudad comercial de Apocalipsis 18, distinta pero relacionada con la Babilonia religiosa de Apocalipsis 17— el sistema económico global que la avaricia produce cuando se organiza sin límite: un sistema cuyo colapso «en una hora» hace llorar no a las almas perdidas sino a los mercaderes que ya no tienen a quién vender. El mensaje a la iglesia de Laodicea (Apocalipsis 3:14-22) cierra el argumento con una advertencia dirigida, esta vez, hacia adentro: una comunidad que se consideraba rica y autosuficiente recibe el diagnóstico más duro de todo el Apocalipsis —«no sabes que eres un desventurado, miserable, pobre, ciego y desnudo»—, precisamente porque la prosperidad material le hizo sentir que ya no necesitaba a Dios.

El capítulo no propone, sin embargo, un ideal de pobreza: propone reorientación. «Donde esté vuestro tesoro, allí estará también vuestro corazón» (Mateo 6:21) no es, según este libro, una advertencia para esconder el dinero, sino una invitación a usarlo como instrumento y no como fin. Conviene traducir el principio a la vida ordinaria, porque la mayordomía no es un tema de millonarios sino de cada creyente: cada presupuesto, cada decisión de gasto, cada acto de generosidad anónima es, en el fondo, una inversión que se está enviando por adelantado a un destino —«haceos tesoros en el cielo» (Mateo 6:20)—. La pregunta práctica no es «¿cuánto tengo?» sino «¿hacia dónde está mirando mi dinero?»: si el corazón sigue al tesoro, entonces el extracto bancario es, sin que nadie lo predique, una radiografía bastante fiel del corazón. El antídoto bíblico contra la avaricia no es el voto de pobreza, sino la generosidad deliberada y sostenida —«haceos tesoros en el cielo» es, en el griego original, un mandato activo, algo que se construye con decisiones concretas, no algo que ocurre por defecto.

CAPÍTULO 35

El caballo blanco: el engaño y la verdad cara a cara

— * —

Apocalipsis 6:2 y Apocalipsis 19:11 describen, ambos, a un jinete sobre un caballo blanco —y, según este capítulo, se trata de dos personajes radicalmente opuestos. El primero, que abre la serie de juicios de la tribulación, lleva «un arco» sin mención de flechas, recibe una corona stephanos —de victoria temporal, prestada — y «sale venciendo, y para vencer»: este libro lo identifica con el Anticristo en el momento inicial de su conquista, una conquista lograda, según Daniel 8:25, «por paz», no por la fuerza abierta. El segundo, que aparece en el clímax del libro, se llama «Fiel y Verdadero», porta «muchas diademas» —de soberanía permanente, no prestada— y una espada que sale de su boca, no de su mano: es Cristo en su segunda venida, ejecutando el juicio que el primer jinete solo pudo simular. El contraste, puesto lado a lado, es deliberado:

Rasgo	Jinete de Apocalipsis 6:2	Jinete de Apocalipsis 19:11
Identidad	El Anticristo	Cristo, «Fiel y Verdadero»
Corona	Una stephanos (victoria prestada)	Muchas diademas (soberanía propia)
Arma	Un arco, sin flechas	Espada que sale de su boca (la Palabra)
Forma de vencer	«Por paz», con engaño (Dn 8:25)	Con justicia, juzga y pelea
Desenlace	Termina en el lago de fuego	Reina como Rey de reyes

El capítulo defiende esta lectura frente a la posición minoritaria —sostenida por algunos padres antiguos como Ireneo— que identifica también al primer jinete con Cristo o con el avance del evangelio, señalando una dificultad de fondo: en los capítulos 5 y 6 de Apocalipsis, Cristo es quien abre los sellos desde el trono; no puede ser, simultáneamente, el contenido de uno de ellos. La progresión de los cuatro jinetes —engaño, guerra, hambre, muerte— se lee mejor, según este libro, como una secuencia de juicio progresivo que el primer jinete inicia y no como una bendición seguida de tres desgracias inconexas.

El capítulo conecta esta lectura con la advertencia de Jesús en Mateo 24:5 —«vendrán muchos en mi nombre, diciendo: yo soy el Cristo»— y con la observación, no menos inquietante, de Juan 5:43: «si otro viniere en su propio nombre, a ese recibiréis». El Anticristo, sugiere este libro, no llegará vestido de villano evidente, sino exactamente del color que más desarma la sospecha: blanco, el color de la paz, la pureza y la solución prometida. El capítulo cierra contrastando las dos «cenas» que Apocalipsis 19 describe una junto a la otra: la cena de las bodas del Cordero, a la que son invitados los redimidos, y la grotesca «cena del gran Dios», donde las aves de carroña se alimentan de los ejércitos derrotados del Anticristo. El que comenzó cabalgando como conquistador termina, advierte este libro, como alimento de buitres; el que comenzó como «Cordero inmolado» termina como «Rey de reyes y Señor de señores».

CAPÍTULO 36

Colosenses y la reconciliación cósmica

— * —

Colosenses 1:20 contiene una de las afirmaciones de mayor alcance de todo el Nuevo Testamento: que Cristo, por la sangre de su cruz, vino a «reconciliar consigo todas las cosas, así las que están en la tierra como las que están en los cielos». Este capítulo se detiene en la pregunta que ese versículo plantea casi sin proponérselo: ¿qué había, en los cielos, que necesitara reconciliación? La respuesta que ofrece, apoyada en Job 15:15 —«ni aun los cielos son limpios delante de él»— y en Hebreos 9:23 —que habla de la necesidad de purificar «las cosas celestiales mismas»—, señala a la rebelión original de Satanás y de los ángeles que lo siguieron (Isaías 14:12-15; Apocalipsis 12:4) como el origen de una contaminación, no física sino moral y legal, del ámbito donde el pecado nació antes de manifestarse en la tierra.

Conviene precisar de inmediato lo que esta «reconciliación de todas las cosas» no significa, porque el versículo ha sido forzado más de una vez hacia el universalismo —la idea de que, al final, todos, incluidos los demonios y los condenados, serían salvos—. Este libro rechaza esa lectura, y por razones del propio texto. «Reconciliar» (gr. apokatallássō) no significa, en Pablo, «salvar a todos por igual», sino restaurar el orden bajo el señorío de Cristo: para unos, mediante la salvación gozosa; para otros, mediante la sujeción forzosa de quien es vencido. El mismo apóstol que escribe Colosenses 1:20 escribe, pocos versículos antes, que esa paz se hace «mediante la sangre de su cruz», un beneficio que solo recibe quien está unido a Cristo por la fe; y el mismo Nuevo Testamento que anuncia que «toda rodilla se doblará» (Filipenses 2:10) deja claro que algunas se doblarán en adoración y otras en derrota. La cruz pacifica el universo, sí —pero pacificar no es indultar a todos: es poner cada cosa, finalmente, en su lugar bajo el trono.

La sangre de Cristo, sostiene este libro siguiendo el argumento de Hebreos, no solo perdonó el pecado humano: purificó el santuario celestial mismo, el original del que el Tabernáculo terrenal era «copia y sombra» (Hebreos 8:5). Esa misma sangre, según Apocalipsis 12:11, es el arma con la que los mártires de la tribulación vencen a Satanás: «le han vencido por medio de la sangre del Cordero». La cruz, en esta lectura, no es solamente el instrumento de la salvación personal: es el arma decisiva de una batalla cósmica cuyo resultado, asegura Romanos 8:38-39, ya está sellado —ningún poder, «ni lo alto, ni lo profundo», puede deshacer lo que la cruz estableció.

El capítulo dedica su segunda mitad a un tema de tono distinto pero relacionado: las paradojas del reino, esa lógica que invierte sistemáticamente los valores del mundo —«quien pierda su vida, la hallará» (Mateo 16:25); «cuando soy débil, entonces soy fuerte» (2 Corintios 12:10)—, ilustradas con los ejemplos de Abraham en el monte Moriah, José vendido por sus hermanos, Moisés con su impedimento de habla y Job alabando a Dios en medio de la pérdida total. La cruz misma, recuerda este capítulo citando 1 Corintios 1, fue «locura» para los griegos y «escándalo» para los judíos, y resultó ser, precisamente en esa aparente debilidad, «poder de Dios».

El capítulo cierra trazando la implicación final de esta reconciliación cósmica: la creación entera, dice Romanos 8, «espera con anhelo ardiente» su propia liberación de la corrupción, una liberación que se consumará, según Apocalipsis 21, en un cielo y una tierra nuevos. La redención de Cristo, concluye este libro, es exactamente tan amplia como la caída que vino a remediar: nada de lo que el pecado tocó queda, finalmente, fuera de su alcance.

Cierre de la Parte IV

Firmeza, dispensaciones y guerra espiritual

— * —

Esta cuarta parte se cierra con tres piezas de carácter más pastoral que exegético. La primera es una exhortación a permanecer firmes «en medio del engaño» (basada en Efesios 6:10-18, 2 Tesalonicenses 2:15, Colosenses 2:6-8 y 1 Pedro 5:8-9), que resume su mensaje en una frase: la firmeza espiritual no es un rasgo de temperamento sino una decisión sostenida —«revestirse» de la armadura de Dios, retener la doctrina aprendida, permanecer arraigado, vigilar con sobriedad—. El engaño, advierte esta sección, entra precisamente cuando se suelta, poco a poco, la verdad que antes se sostenía con firmeza.

La segunda pieza ofrece un mapa completo de las siete «dispensaciones» —los períodos en que, según este marco teológico, Dios ha administrado de manera distinta su relación con la humanidad: inocencia, conciencia, gobierno humano, promesa, ley, gracia y reino—. El capítulo es enfático en una aclaración que busca prevenir un malentendido extendido: en ninguna de las siete dispensaciones cambia el método de salvación —siempre por gracia, mediante la fe—; lo que cambia es la responsabilidad que Dios asigna a la humanidad en cada período, y el patrón se repite con tristeza constante: una responsabilidad otorgada, un fracaso humano, un juicio que cierra la era y abre la siguiente. Vivimos, según este esquema, en la sexta dispensación —la de la gracia, entre Pentecostés y el arrebatamiento—, a la espera de que se complete «la plenitud de los gentiles» (Romanos 11:25) y dé paso a la séptima y última antes del estado eterno: el reino milenial de Cristo.

La tercera y última pieza de esta parte aborda la guerra espiritual como realidad cotidiana, no solo escatológica: el campo de batalla más constante, según Efesios 6:12 y 2 Corintios 10:4-5, es la mente, y las armas del enemigo —ansiedad, condenación, desesperanza, la voz interior que repite «no puedes», «estás solo», «Dios te abandonó»— se combaten no con técnicas sino con la verdad sostenida de la Palabra. El cierre de esta parte del libro, y de su tono más práctico, es una sola convicción repetida bajo distintas formas: Jesús ya venció, y la respuesta del creyente no es el miedo sino el discernimiento, la firmeza y una fe que no necesita comprenderlo todo para sostenerse.

PARTE V

EL APOCALIPSIS ENTERO EXPLICADO

Sello a sello, trompeta a trompeta

No estudiamos estas cosas para vivir con miedo. Las estudiamos para vivir preparados.

CAPÍTULO 37

Las siete iglesias: el corazón de la Iglesia antes del fin

— * —

Antes de hablar de juicios, trompetas y copas, el Señor habla primero a su Iglesia. Los capítulos 2 y 3 de Apocalipsis, que abren esta última parte del libro con un recorrido completo por el libro entero, no describen el fin del mundo: describen el estado del corazón de la Iglesia en el tiempo previo a él, a través de siete cartas dirigidas a comunidades reales del Asia Menor del primer siglo, cuyo perfil espiritual, sostiene este libro, sigue repitiéndose en las congregaciones de cualquier época.

Conviene recordar que estas siete ciudades eran lugares reales, unidos por una calzada romana que las recorría en círculo, en el mismo orden en que Cristo se dirige a ellas: un mensajero que partiera de Éfeso, el gran puerto comercial, iría subiendo hacia el norte hasta Esmirna y Pérgamo, y luego doblaría hacia el interior por Tiatira, Sardis, Filadelfia y Laodicea. Cada carta, además, recoge detalles de la ciudad concreta a la que se dirige: a Esmirna, célebre por su lealtad a Roma y por sus mártires, se le habla de ser «fiel hasta la muerte»; a Laodicea, famosa por su banca, su industria textil de lana negra y un acueducto que le traía agua tibia, se le reprocha ser «ni fría ni caliente», creerse «rica» y estar «desnuda». El conocimiento que Cristo muestra de cada comunidad no es genérico: conoce su geografía, su economía y su historia, igual que conoce hoy la de cada congregación que lo lee.

Las siete cartas comparten, además, una misma estructura, lo cual ayuda a leerlas: Cristo se presenta con un título tomado de la visión inicial del capítulo 1, declara «yo conozco tus obras», ofrece una evaluación —elogio, reproche, o ambos —, da una exhortación, y termina con una promesa «al que venciere» y la fórmula «el que tiene oído, oiga». El cuadro siguiente resume las siete:

Iglesia	Rasgo dominante	Palabra de Cristo
Éfeso	Ortodoxa pero sin amor	«Has dejado tu primer amor» (2:4)
Esmirna	Perseguida, fiel	«Sé fiel hasta la muerte» (2:10)
Pérgamo	Tolerante con el error	«Tienes a los que retienen doctrinas falsas» (2:14-15)
Tiatira	Activa pero permisiva	Tolera a «Jezabel» (2:20)
Sardis	Reputación sin vida	«Tienes nombre de que vives, y

Iglesia	Rasgo dominante	Palabra de Cristo
		estás muerto» (3:1)
Filadelfia	Débil pero fiel	«Yo te guardaré de la hora de la prueba» (3:10)
Laodicea	Tibia y autosuficiente	«No eres frío ni caliente» (3:16)

Cuatro de esos perfiles reciben aquí especial atención. Éfeso es una iglesia doctrinalmente firme y activa que, sin embargo, «ha dejado su primer amor» (2:4): el activismo religioso, advierte este capítulo, puede convivir perfectamente con un corazón enfriado, y Cristo evalúa la motivación, no solo la actividad visible. Esmirna, perseguida pero no reprendida, recibe la palabra más breve y más exigente de las siete: «sé fiel hasta la muerte, y yo te daré la corona de vida» (2:10) —prueba, según este libro, de que la persecución externa no es nunca, por sí sola, señal de que Dios ha abandonado a una comunidad—. Filadelfia, pequeña y sin reproche, recibe la promesa más citada en todo este curso: «yo también te guardaré de la hora de la prueba que ha de venir sobre el mundo entero» (3:10), el texto que, junto a 1 Tesalonicenses 5:9, sostiene en gran medida el argumento del arrebatamiento pre-tribulacional desarrollado en partes anteriores de este libro. Laodicea, finalmente, rica, autosuficiente y «tibia», recibe el diagnóstico más severo: ni fría ni caliente, instalada en una zona de confort espiritual que la propia prosperidad volvió invisible para ella misma.

El principio que organiza este capítulo, y que este libro reitera como clave de lectura para toda la Parte V, es simple: «antes del juicio, Cristo purifica a Su Iglesia». Las siete cartas no son, en este sentido, un apéndice histórico sin relevancia presente: son el espejo en el que cualquier comunidad de fe, en cualquier época, puede y debe mirarse antes de pretender leer el resto del Apocalipsis como observador neutral.

CAPÍTULO 38

El cielo antes del juicio: el trono y el Cordero

— * —

A partir de Apocalipsis 4 ocurre, según este libro, un cambio decisivo en el relato: la Iglesia deja de ser mencionada en la tierra, y la escena entera se traslada al cielo. Juan recibe la misma orden que recibirá la Iglesia en su arrebatamiento —«sube acá»— y lo que ve, antes de que se abra siquiera el primer sello, es adoración: un trono ocupado, una asamblea celestial que canta sin cesar, y un libro sellado que «nadie» —ningún hombre, ningún ángel— es digno de abrir, hasta que aparece «el León de la tribu de Judá» que resulta ser, al mirarlo de cerca, «un Cordero como inmolado» (5:5-6).

La escena del trono que Juan describe no es nueva en la Biblia: retoma, fundiéndolas, dos de las grandes visiones del Antiguo Testamento. Como Isaías en el Templo, Juan oye a los seres celestiales clamar «Santo, santo, santo» y ve la gloria que hace temblar los umbrales (Isaías 6:1-3). Como Ezequiel junto al río Quebar, ve un trono sobre un firmamento resplandeciente, rodeado de algo semejante al arcoíris, y cuatro seres vivientes con cuatro rostros —de león, de becerro, de hombre y de águila— que la tradición ha leído, desde antiguo, como las cuatro perspectivas con que los Evangelios presentan a Cristo: el Rey, el siervo, el hombre y el Dios (Ezequiel 1:4-10,26-28). Estos cuatro vivientes «no cesan día y noche» en su adoración, y los veinticuatro ancianos se postran echando sus coronas ante el trono. Juan no inventa un cielo nuevo: confirma, con sus propios ojos, el mismo trono que los profetas ya habían visto —la prueba de que el Dios que juzga en Apocalipsis es el mismo que se reveló desde el principio.

Este capítulo insiste en una observación pastoral que atraviesa todo el libro: la adoración precede al juicio, no lo sigue. Antes de que el primer jinete salga a cabalgar, el cielo entero ya ha declarado, en el cántico nuevo de los redimidos, que el plan de la historia está en las manos correctas: «digno eres de tomar el libro... porque tú fuiste inmolado» (5:9). El llanto de Juan ante un libro que nadie puede abrir —la incapacidad humana de gobernar su propio destino, leída en clave universal— se resuelve no con una explicación sino con una persona: el Cordero que, precisamente por haber sido inmolado, tiene autoridad para desatar lo que sigue. Que el «León» prometido se revele como «Cordero» —y un Cordero «como inmolado», que lleva para siempre las marcas de su sacrificio— es, según este libro, la clave teológica de todo el Apocalipsis: el que abre los sellos del juicio es el mismo que se dejó juzgar en la cruz, y por eso ningún juicio que siga será arbitrario.

La lectura que propone este capítulo para el creyente de hoy es de naturaleza más devocional que cronológica: si el trono ya está ocupado y el Cordero ya ha sido declarado digno antes de que comience cualquier juicio, entonces ningún acontecimiento de la historia —ni los de la tribulación futura ni los de la vida cotidiana del lector— ocurre fuera del control de quien se sienta en ese trono. «El cielo no está en crisis», resume este libro, y esa certeza, más que cualquier cálculo de fechas, es la base real de la esperanza escatológica que el resto del libro defiende.

CAPÍTULO 39

Daniel 9: las setenta semanas determinadas

— * —

Este capítulo retoma, en clave de síntesis final, la profecía que ya recorrió buena parte de las partes anteriores: las setenta «semanas» —cuatrocientos noventa años — que Daniel 9:24 determina «sobre tu pueblo y sobre tu santa ciudad». El libro insiste en el origen devocional, no especulativo, de esta revelación: Daniel la recibe mientras estudia las profecías de Jeremías sobre la duración del exilio, en un acto de búsqueda humilde de la Palabra —«la revelación profética nace del estudio bíblico», resume este capítulo—, no de curiosidad escatológica suelta.

Conviene, por una vez, mostrar el cómputo entero, porque es la columna vertebral de todo el sistema profético de este libro y rara vez se expone completo. La palabra que la Reina Valera traduce «semanas» es, en hebreo, shavuim: «sietes», unidades de siete. El contexto —y la propia historia de los años sabáticos de Israel— deja claro que se trata de «sietes de años», de modo que setenta semanas equivalen a 70 × 7 = 490 años. El ángel Gabriel divide ese total en tres tramos desiguales: siete semanas (49 años), sesenta y dos semanas (434 años) y una semana final (7 años). El punto de partida no es arbitrario: Daniel 9:25 lo fija en «la salida de la orden para restaurar y edificar a Jerusalén», que este libro identifica con el decreto de Artajerjes a Nehemías, en el mes de Nisán del año veinte de su reinado, hacia el 445 antes de Cristo (Nehemías 2:1-8). Las primeras siete semanas —cuarenta y nueve años— cubren la reconstrucción material de la ciudad y sus muros «en tiempos angustiosos». Las sesenta y dos semanas siguientes corren hasta «el Mesías Príncipe»: sumadas a las primeras, son sesenta y nueve semanas, cuatrocientos ochenta y tres años, que según el conocido cálculo —contando años proféticos de trescientos sesenta días— culminan, con una precisión que este libro subraya como uno de sus argumentos centrales, en la presentación pública de Jesús como Mesías en su entrada triunfal a Jerusalén, pocos días antes de ser «quitado» en la cruz (Daniel 9:26). El cuadro siguiente resume la cronología:

Tramo	Duración	Desde / hasta
7 semanas	49 años	Decreto de Artajerjes (~445 a.C.) → Jerusalén reconstruida
62 semanas	434 años	Reconstrucción → presentación del «Mesías Príncipe»

Tramo	Duración	Desde / hasta
(paréntesis)	indeterminado	La era de la Iglesia: el reloj de Israel, en pausa
Semana 70	7 años	Pacto del Anticristo → segunda venida de Cristo

Entre la semana sesenta y nueve y la semana setenta se abre, por tanto, el paréntesis no revelado a Daniel: la era de la Iglesia, que este libro describe, en su fórmula más memorable, como el período en que «el reloj profético de Israel» queda en pausa, a la espera de reactivarse «cuando la Iglesia sea retirada». Que el texto distinga entre las sesenta y nueve semanas ya cumplidas y una semana setenta todavía futura no es un recurso forzado: el propio Daniel 9:26 sitúa la muerte del Mesías y la destrucción de la ciudad —cumplida en el año 70— después de las sesenta y nueve semanas y antes de la última, dejando un espacio que la historia ha llenado con casi dos milenios.

La semana setenta misma —el pacto del Anticristo, su ruptura a mitad de camino, la gran tribulación que sigue— ya fue desarrollada con detalle en partes anteriores; lo que este capítulo añade, en su tono más devocional que técnico, es una invitación a la gratitud: vivir consciente de que la era actual es, precisamente, un tiempo de gracia extendido más allá de lo que el calendario profético original de Daniel habría permitido esperar, y que esa extensión —dos mil años y los que falten— no es un error del reloj de Dios sino una decisión deliberada de su paciencia.

CAPÍTULO 40

Sellos, trompetas y copas: la anatomía completa del juicio

— * —

Este capítulo reúne, en una sola exposición de conjunto, la arquitectura completa de los juicios de la tribulación que las partes anteriores trataron por separado, ofreciendo al lector un mapa final antes de proseguir. Los siete sellos de Apocalipsis 6 inauguran el período con una progresión de intensidad creciente —engaño, guerra, hambre, muerte, martirio, señales cósmicas— que el libro describe como «el inicio del juicio, progresivo y controlado por Cristo», nunca como caos sin propósito: es el Cordero mismo, recuerda este capítulo remitiendo a Apocalipsis 5, quien tiene la autoridad exclusiva de abrir cada sello.

La relación entre las tres series merece explicarse, porque ahí está la clave de toda la estructura. No son tres juicios paralelos que describan lo mismo tres veces, sino tres series sucesivas y encajadas: el séptimo sello no contiene un evento, sino que da paso a las siete trompetas (Apocalipsis 8:1-2), y la séptima trompeta da paso, a su vez, a las siete copas (Apocalipsis 11:15; 15:1). La imagen clásica es la de un telescopio que se extiende: cada serie sale de la anterior y la prolonga, de modo que el juicio se intensifica por etapas en lugar de repetirse. Esta estructura explica también la progresión del alcance del daño, que el cuadro siguiente resume:

Serie	Texto	Alcance del daño	Carácter
Siete sellos	Apocalipsis 6	El inicio; daño parcial	Advertencia, controlada por el Cordero
Siete trompetas	Apocalipsis 8–9	Un tercio de la tierra, mar, etc.	Aviso más severo; aún llama al arrepentimiento
Siete copas	Apocalipsis 15–16	Totalidad, «sin mezcla»	Juicio final, sin pausa para arrepentirse

Las siete trompetas que siguen, desarrolladas en Apocalipsis 8 y 9, son leídas aquí bajo una clave que matiza ligeramente el tono más severo de capítulos anteriores: «no destruyen completamente, sino que advierten». Su daño, limitado siempre a una fracción —un tercio de la tierra, del mar, de la humanidad—, deja deliberadamente espacio para el arrepentimiento, y el capítulo subraya con pesar la respuesta que el texto bíblico documenta: «los hombres no se arrepintieron de sus obras» (9:20-21), una dureza de corazón que persiste incluso frente a la evidencia más extrema.

Las siete copas de Apocalipsis 15 y 16, en cambio, no admiten la misma lectura de misericordia contenida: son, según este libro, «el cierre definitivo del juicio divino», derramadas sin mezcla, sin pausa para el arrepentimiento, ejecutando una sentencia que las trompetas solo habían anunciado. El capítulo observa que incluso en esta etapa final el texto bíblico registra blasfemia antes que humillación —«dolor sin arrepentimiento» (16:8-11)—, confirmando que el problema de fondo nunca fue la falta de advertencia, sino la dureza deliberada del corazón humano. El capítulo cierra recordando, una vez más, que toda esta secuencia —sellos, trompetas, copas — transcurre después del arrebatamiento y no antes: la Iglesia, sostiene este libro coherente con el argumento sostenido desde la primera parte, observa este desenlace desde la gloria, no desde la tierra.

CAPÍTULO 41

Los santos de la tribulación: la fe que persevera bajo el juicio

— * —

Una de las verdades más conmovedoras que este libro extrae del Apocalipsis es esta: incluso en medio del juicio más severo de la historia, Dios sigue salvando. La «gran multitud... de todas naciones» que Apocalipsis 7:9-14 describe «lavados en la sangre del Cordero» no son arrastrados a la fe por la fuerza de las circunstancias: son, según este capítulo, la prueba viva de que la gracia de Dios no se agota ni siquiera en el escenario más hostil que la profecía bíblica describe.

Conviene precisar quiénes son estos santos, para no confundirlos con grupos ya tratados. No son la Iglesia, que según el argumento de todo el libro ya fue arrebatada antes del primer sello; tampoco son, exactamente, los ciento cuarenta y cuatro mil de Apocalipsis 7:1-8, que son los evangelistas israelitas sellados y enviados. Son, más bien, el fruto de su predicación: la cosecha de «todas naciones, tribus, pueblos y lenguas» que abraza el evangelio durante la tribulación, muchos de ellos al precio de su vida. El texto los presenta «delante del trono», con vestiduras blancas y palmas en las manos —la imagen de la fiesta de los Tabernáculos—, y un anciano explica a Juan que «son los que han salido de la gran tribulación» (7:14). Es decir: hay dos grupos complementarios en el plan de Dios para esos años, los sellados que predican y la multitud que cree; los primeros, protegidos para la misión; la segunda, muchas veces no librada de la muerte, pero sí «librada» en el sentido más profundo, llevada a través de ella hasta el trono.

Este capítulo no suaviza el costo de esa fe: Apocalipsis 12:17 y 13:7 describen una persecución real, violenta, en la que «se le permitió hacer guerra contra los santos». No es, advierte el libro, un tiempo de comodidad sino de resistencia, y la promesa que sostiene a quienes la atraviesan es la misma «paciencia de los santos» de Apocalipsis 14:12: una perseverancia activa, no la pasividad de quien simplemente espera que el sufrimiento termine, sino la fidelidad sostenida —«guardan los mandamientos de Dios, y la fe de Jesús»— en medio de la presión más extrema imaginable. Su recompensa, anunciada en Apocalipsis 20:4, es vivir y reinar con Cristo: ningún sufrimiento soportado por causa de la fe, concluye este capítulo, queda finalmente sin reconocimiento eterno.

La aplicación que este libro extrae de este capítulo mira, sobre todo, hacia el presente del lector, no hacia un futuro lejano: «si en medio del juicio habrá hombres y mujeres fieles, cuánto más nosotros hoy, en tiempo de gracia, debemos vivir firmes». La perseverancia, insiste el capítulo, no es una virtud que se improvisa cuando llega la prueba: se cultiva antes, en las decisiones pequeñas y poco heroicas de la vida ordinaria.

CAPÍTULO 42

El fin del sistema mundial

— * —

Este capítulo dirige la mirada hacia «la gran ramera» de Apocalipsis 17 y la caída de Babilonia en el capítulo 18 —ya tratadas con cierto detalle económico en la Parte IV— desde un ángulo más amplio: el de los sistemas humanos en general, sin distinguir necesariamente entre lo religioso, lo económico y lo político, que para este libro son, en última instancia, manifestaciones de una misma realidad: «un sistema religioso, económico y político unificado en rebelión contra Dios». La imagen de una mujer «sentada sobre muchas aguas» (17:1) describe, según esta lectura, una influencia que se ejerce simultáneamente sobre la cultura, la espiritualidad y la política de las naciones, seduciéndolas antes de finalmente traicionarlas.

Vale la pena distinguir los dos rostros de Babilonia que el Apocalipsis presenta en capítulos sucesivos, porque caen de maneras distintas. Apocalipsis 17 muestra a Babilonia como ramera: el rostro religioso del sistema, la falsa adoración que «se sienta» sobre las naciones y embriaga a los reyes con el vino de su fornicación espiritual. A esta Babilonia la destruyen, sorprendentemente, los mismos «diez cuernos» que la sostenían: «éstos aborrecerán a la ramera... y la quemarán con fuego» (17:16), porque todo sistema falso termina devorando a sus propios aliados cuando ya no le sirven. Apocalipsis 18, en cambio, muestra a Babilonia como gran ciudad comercial: el rostro económico, cuya caída lamentan «los mercaderes de la tierra» que «se han enriquecido» con ella (18:11,15). Lo religioso seduce, lo comercial enriquece; pero ambos rostros pertenecen a la misma realidad, y ambos comparten el mismo destino súbito.

El juicio sobre ese sistema, según Apocalipsis 18:8-10, llega de manera repentina —«en un solo día», «en una hora»— y revela, en el lamento de quienes lo sostenían, la naturaleza real de su apego: «el mundo lamentará perder su sistema, pero no lamentará haber rechazado a Dios». Llama la atención que, en todo el extenso lamento del capítulo 18, nadie llora por amor: lloran los reyes que perdieron su poder, los mercaderes que perdieron su mercado, los marineros que perdieron su flete —cada uno por lo que la caída le costó a él—, mientras en el cielo, en el mismo instante, los redimidos cantan «Aleluya» (19:1). Las dos reacciones, puestas una junto a otra por el propio texto, son el examen final de toda lealtad: cuando el sistema caiga, ¿llorará uno por lo que perdió, o se alegrará por lo que permanece?

Este capítulo conecta esa caída con la advertencia de 1 Juan 2:15-17 sobre no amar al mundo —entendido no como rechazo de la vida social sino como negativa a adoptar sus valores caídos— y cierra con la imagen ya familiar de la piedra de Daniel 2:44-45 que destruye todos los imperios humanos y «llena toda la tierra»: Babilonia, Roma y cualquier sistema moderno comparten, según este libro, el mismo destino final, mientras que «el reino de Cristo no será reemplazado, no será corrompido, no terminará jamás». La esperanza de la Iglesia, resume el capítulo en su frase de cierre, «no es sobrevivir al sistema: es pertenecer al Reino eterno».

CAPÍTULO 43

Preparados para su venida

— * —

Este capítulo, que en el material original cerraba un mes completo de enseñanza sobre la tribulación, funciona en este libro como la culminación pastoral de toda la Parte V, y posiblemente de la obra entera: no añade doctrina nueva, sino que convierte toda la doctrina anterior en una sola pregunta dirigida directamente al lector. «Si Cristo regresara esta noche, ¿estarías realmente preparado?». El capítulo no permite que esa pregunta se resuelva con una respuesta automática: pide, literalmente, que el lector se quede con ella antes de continuar.

Cuatro pasajes organizan la reflexión. Mateo 24:42-44 llama a «velar», y este libro aclara que velar no es especular sobre fechas sino «permanecer despiertos espiritualmente» —la imagen del vigilante nocturno que se duerme a las dos de la madrugada, y cuyo descuido nadie nota hasta que, a las tres, entra el ladrón, resume el riesgo con una precisión incómoda—. Lucas 21:34-36 advierte que la primera batalla del tiempo final no es la persecución externa sino la comodidad interna: «nadie se aparta de Dios de golpe: se adormece de a poco», como el conductor que no decide dormirse al volante sino que cede, paso a paso, a un parpadeo cada vez más largo. 1 Tesalonicenses 5:4-8 recuerda a la Iglesia su identidad de «hijos de luz», llamados a la sobriedad —discernimiento, equilibrio, dominio propio— precisamente porque ya conocen el aviso: «conocer el aviso no aprueba el examen», advierte el capítulo, en una de sus imágenes más directas. Y 1 Juan 3:2-3 cierra el argumento con la frase que, según este libro, resume el propósito último de toda la escatología bíblica: «todo aquel que tiene esta esperanza en él, se purifica a sí mismo» —si el estudio profético no transforma la conducta de quien lo emprende, algo se ha entendido mal en el camino.

Las cinco palabras con que toda la obra resume la actitud del creyente que espera —velando, sirviendo, amando, perseverando, esperando con gozo— no son un eslogan, sino que cada una tiene su anclaje en el texto. Velar es la orden de Mateo 24:42: «velad, porque no sabéis a qué hora ha de venir vuestro Señor». Servir es la postura del siervo fiel «a quien su señor halló haciendo así» cuando volvió (Mateo 24:46). Amar su venida es la condición de la corona de justicia, reservada «a todos los que aman su venida» (2 Timoteo 4:8). Perseverar es la promesa a quien «venciere» en cada una de las siete cartas, y la marca de los santos que «guardan... la fe de Jesús» (Apocalipsis 14:12). Y esperar con gozo es la «esperanza bienaventurada» de Tito 2:13, la que no produce ansiedad sino purificación (1 Juan 3:3). Cinco verbos, cinco textos: un retrato completo del centinela que el título del libro describe.

El capítulo termina con cuatro preguntas que invita a no responder en público sino «delante de Dios»: ¿estoy velando o distraído? ¿Estoy creciendo o estancado? ¿Espero a Cristo, o solo observo eventos? ¿Mi esperanza produce santidad? Y con una declaración que este libro adopta, en su cierre, como resumen de todo lo recorrido en sus cinco partes: «no estudiamos estas cosas para vivir con miedo. Las estudiamos para vivir preparados».

Cierre de la Parte V

Dolores de parto: cómo interpretar las señales

— * —

Esta última parte se cierra con una reflexión que reencuadra, en clave esperanzadora, todo lo que el lector ha recorrido hasta aquí sobre guerras, hambres, terremotos y colapsos. Cuando Jesús describe las señales del fin como «principio de dolores» (Mateo 24:8), elige deliberadamente, según este capítulo, la imagen del parto y no la del funeral: los dolores de parto aumentan en frecuencia y en intensidad, pero no anuncian un final sin sentido, sino que «algo está por nacer». El mundo, sostiene este libro retomando la imagen de Romanos 8:22, no avanza hacia el caos puro: avanza, gimiendo como toda la creación gime, hacia el establecimiento del reino y el regreso de Cristo.

El capítulo es enfático en una corrección pastoral que vale para todo lo que el libro ha enseñado hasta este punto: las señales son reales y no deben ignorarse, pero tampoco deben interpretarse con pánico. «Mirad que no os turbéis» (Mateo 24:6) es, según este libro, una instrucción tan vinculante como cualquiera de las profecías que detalla el momento exacto del fin. El creyente que interpreta correctamente las señales no las lee como evidencia de que Dios ha abandonado el mundo, sino como confirmación de que la historia avanza, con dolor pero con dirección, hacia su culminación ya escrita.

El libro cierra esta parte —y con ella, su recorrido completo desde los fundamentos proféticos hasta el Apocalipsis explicado en su totalidad— con la misma palabra con la que Juan cerró el suyo, hace dos mil años: «Ciertamente vengo en breve. Amén; sí, ven, Señor Jesús» (Apocalipsis 22:20). No como fecha, sino como postura: la de quien, mientras espera, prefiere encontrarse velando antes que dormido. Resta todavía un último paso. Porque toda esta arquitectura profética —las dos venidas, las setenta semanas, los sellos y las copas— no se sostiene en el aire: descansa sobre las verdades elementales de la fe. A esos cimientos dedica el libro su sexta y última parte.

PARTE VI

CIMIENTOS: TEOLOGÍA GENERAL

Doctrinas fundamentales de la fe

Ningún estudio profético sostiene su peso si no descansa sobre las verdades básicas de la fe.

CAPÍTULO 44

El don de lenguas

— * —

Este capítulo aborda uno de los temas más debatidos de la práctica cristiana contemporánea con un método deliberadamente exegético: ¿qué fueron, exactamente, las lenguas de Pentecostés, y qué corrigió Pablo en Corinto? Hechos 2 describe un fenómeno verificable: galileos hablando idiomas reales —parto, medo, elamita, árabe, y una docena más— que oyentes de la diáspora judía reconocieron como su propia lengua materna. No era, según este libro, un balbuceo místico sino comunicación inteligible, y su contenido era teológico: «las maravillas de Dios» (Hechos 2:11), no experiencia emocional sin contenido. Leído así, Pentecostés es la inversión redentora de Babel: donde Génesis 11 confundió las lenguas para dispersar, Hechos 2 las usó para unificar en torno al evangelio.

El término griego que se traduce «lenguas» es glōssai, que significa, simplemente, «idiomas» —la misma palabra de la que viene «glosario»—. No designa una jerga extática sin referente, sino lenguas humanas reales, y así lo confirma el detalle con que Lucas enumera las naciones presentes en Pentecostés: cada oyente escuchó «en su propia lengua en la que había nacido» (Hechos 2:8). Esta precisión léxica orienta toda la lectura del capítulo: el don sirve a la comunicación del evangelio, no a la experiencia privada del que lo ejerce.

El capítulo es cuidadoso en señalar lo que el texto de Hechos 2 no establece: no dice que los tres mil convertidos hablaran en lenguas, no fija un patrón uniforme para la recepción del Espíritu —que en otros pasajes de Hechos ocurre sin mención del fenómeno—, y no respalda, según este libro, la doctrina de que las lenguas sean «evidencia inicial necesaria» del bautismo del Espíritu. Cuando llega a 1 Corintios 14, el libro encuentra no la abolición del don sino su corrección: Pablo no elimina las lenguas, ordena que se practiquen como máximo entre dos o tres personas, por turno, siempre con interpretación, porque «lo que no se entiende no edifica» a la congregación. La célebre mención de «lenguas... angélicas» en 1 Corintios 13:1 recibe, en este capítulo, una lectura cuidadosa: es hipérbole retórica al servicio del himno al amor, no una doctrina sobre un idioma celestial, y 1 Corintios 12:30 —«¿hablan todos lenguas?»— está formulada gramaticalmente para esperar una respuesta negativa: el don, sostiene este libro, nunca fue universal.

Conviene, por último, nombrar con ecuanimidad las dos grandes posturas que dividen a la Iglesia en este punto, porque este libro no esconde la suya pero respeta la ajena. El cesacionismo sostiene que los dones de señales —lenguas incluidas—

cumplieron su función de acreditar la revelación apostólica y cesaron al cerrarse el canon. El continuismo sostiene que el Espíritu sigue repartiendo todos sus dones «como él quiere» (1 Corintios 12:11) hasta la venida de Cristo. Este libro se sitúa más cerca de una valoración sobria del fenómeno —subrayando el orden, la inteligibilidad y la edificación que Pablo exige— que de su búsqueda entusiasta como prueba de espiritualidad; pero reconoce que creyentes fieles y serios han leído honestamente la Escritura en ambas direcciones, y que el criterio decisivo no es el don que uno posee, sino el amor sin el cual, dice Pablo, hasta la lengua de ángeles no es más que «metal que resuena» (1 Corintios 13:1).

CAPÍTULO 45

El ayuno y el plan escatológico de Dios

— * —

Este capítulo traza una línea sorprendente entre Génesis y Mateo: si la puerta de entrada del pecado original fue el apetito —«vio la mujer que el árbol era bueno para comer» (Génesis 3:6)—, la primera gran victoria de Cristo sobre la tentación ocurrió, precisamente, en el ayuno: «después de haber ayunado cuarenta días... vino a él el tentador» (Mateo 4:2-3). Donde Adán cedió en un jardín de abundancia, Jesús resistió en un desierto de escasez, y su respuesta —«no solo de pan vivirá el hombre, sino de toda palabra que sale de la boca de Dios»— redefine, según este libro, la jerarquía de necesidades del ser humano.

La Escritura describe, además, distintos tipos de ayuno, y conviene conocerlos para no reducirlo a una sola forma. El ayuno normal —la abstención de alimento, conservando el agua— es el que practicó Jesús en el desierto. El ayuno absoluto, sin comida ni bebida, fue el de Ester y su pueblo ante un peligro extremo (Ester 4:16) y el de Pablo tras el camino de Damasco (Hechos 9:9), siempre por períodos breves y en circunstancias excepcionales. El ayuno parcial, la renuncia a ciertos alimentos, fue el de Daniel, que no probó «manjar delicado» durante tres semanas (Daniel 10:3). Y hay un ayuno colectivo, proclamado por una comunidad entera ante una crisis o una decisión, como en Joel 2:15 o en Hechos 13:2-3, cuando la iglesia de Antioquía ayunaba antes de enviar a sus primeros misioneros. La diversidad de formas confirma que el ayuno no es una técnica única, sino una disposición del corazón que la Escritura adapta a cada circunstancia.

El capítulo presenta el ayuno no como una práctica devocional opcional sino como disciplina esperada del discipulado —«cuando ayunéis», dice Jesús en Mateo 6:16, no «si ayunáis»— y como un arma concreta de la guerra espiritual descrita en Efesios 6, que entrena la capacidad de depender de Dios precisamente en el terreno donde el sistema del Anticristo, según Apocalipsis 13:16-17, ejercerá su control más eficaz: el acceso a los alimentos. Quien nunca ha practicado la renuncia voluntaria a la comida, sugiere este libro, no ha entrenado la misma capacidad espiritual que necesitará si alguna vez se ve excluido del sistema económico por negarse a la marca. Jesús mismo, en Mateo 9:15, profetiza el ayuno de sus discípulos durante su ausencia física —«vendrán días cuando el esposo les será quitado, y entonces ayunarán»—, y este capítulo lee esa práctica como expresión del anhelo de la novia por el regreso del Esposo, no como sufrimiento sin sentido:

la esposa que «se ha preparado» en Apocalipsis 19:7-8 lo hizo, en parte, a través de esta disciplina sostenida durante toda la era de la Iglesia.

CAPÍTULO 46

De la ley antigua al nuevo pacto

— * —

Este capítulo aborda una de las distinciones más importantes —y más frecuentemente mal entendidas— de la teología cristiana: la relación entre la ley de Moisés y la gracia revelada en Cristo. La ley, según Gálatas 3:19, «fue añadida» al plan de redención —no era su fundamento original, que es la promesa hecha a Abraham cuatrocientos treinta años antes—, y su propósito, lejos de ofrecer un camino de salvación, era diagnóstico: «por medio de la ley es el conocimiento del pecado» (Romanos 3:20). El libro recurre a la imagen del «ayo» (Gálatas 3:24) —el esclavo que en el mundo grecorromano conducía al niño hasta la escuela, sin ser él mismo el maestro— para describir su función: un camino hacia Cristo, no el destino final.

Para no caer en confusiones, conviene recordar la distinción clásica que la teología cristiana ha hecho dentro de la ley mosaica, distinguiendo tres dimensiones de un mismo cuerpo legal. La ley moral —resumida en los Diez Mandamientos y, antes, en el carácter eterno de Dios— expresa principios que no caducan, porque reflejan quién es Dios; por eso el Nuevo Testamento reafirma nueve de los diez mandamientos como vigentes para el creyente. La ley civil —las normas que gobernaban a Israel como nación teocrática— cumplió su función dentro de aquel Estado concreto y no obliga hoy a la Iglesia, que no es una nación. Y la ley ceremonial —sacrificios, fiestas, purezas, el sacerdocio— era «sombra de lo que ha de venir» (Colosenses 2:17), y encontró su cumplimiento en Cristo, de modo que volver a ella sería como abrazar la sombra después de que ha llegado el cuerpo. Esta distinción, sin ser una camisa de fuerza, ayuda a entender por qué el creyente honra la ley moral, aprende de la civil y reconoce cumplida la ceremonial.

Cuando Jesús afirma no haber venido «para abrogar... sino para cumplir» la ley (Mateo 5:17), este capítulo entiende «cumplir» en el sentido de llevar a su plena realización, no de perpetuar indefinidamente su forma mosaica: Cristo «es el fin de la ley para justicia a todo aquel que cree» (Romanos 10:4), y el «acta de los decretos» que documentaba la deuda del pecador fue, según Colosenses 2:14, anulada y «clavada en la cruz». El Nuevo Pacto, basado en mejores promesas (Hebreos 8:6-13), resuelve lo que el Antiguo no pudo: escribe la ley «en la mente» y «en el corazón» en lugar de en tablas de piedra exteriores, cumpliendo así la promesa que ya Jeremías 31:31-34 había anunciado. El capítulo cierra con una advertencia explícitamente dirigida a movimientos contemporáneos que reintroducen la observancia de la ley mosaica —el sábado, las fiestas judías, la dieta kosher— como requisito de madurez espiritual superior: «de Cristo os desligasteis... de la gracia habéis caído» (Gálatas 5:4) es, según este libro, la advertencia apostólica más severa de todo el Nuevo Testamento contra esa tentación recurrente.

CAPÍTULO 47

El sábado: sombra, cumplimiento y reposo escatológico

— * —

El sábado semanal, según Colosenses 2:16-17, es «sombra de lo que ha de venir», una proyección que apuntaba hacia una realidad mayor que ella misma: el reposo en Cristo, y más allá de él, el reposo escatológico del reinado milenial. Este capítulo traza el patrón completo: el sábado semanal, el año sabático de la tierra cada siete años, y el año de jubileo cada cincuenta —cada uno escalando el mismo principio de reposo confiado a la provisión divina—. Israel, documenta el libro citando 2 Crónicas 36:20-21, incumplió sistemáticamente sus años sabáticos, y los setenta años del cautiverio babilónico fueron, según esta lectura, el «sábado forzado» que la nación nunca dio voluntariamente a su tierra: una lección, sugiere el capítulo, sobre la imposibilidad de evadir indefinidamente el reposo que Dios exige.

La relación entre la sombra y el cuerpo merece subrayarse, porque es la clave del capítulo. Una sombra prueba que algo real se acerca, pero sería absurdo abrazar la sombra cuando ya ha llegado aquello que la proyectaba: «todo esto es sombra de lo que ha de venir; pero el cuerpo es de Cristo» (Colosenses 2:17). El descanso del séptimo día no era un fin en sí mismo, sino una flecha que apuntaba a Aquel que diría «venid a mí... y yo os haré descansar». Por eso este libro distingue entre guardar el sábado como ley —una obligación de la que el creyente fue liberado— y entrar en el reposo que el sábado anunciaba, que no se reduce a un día de la semana sino que abarca la vida entera del que confía en la obra terminada de Cristo. Quien ha hallado el cuerpo no necesita perseguir la sombra; quien descansa en Cristo guarda, en cierto sentido, un sábado perpetuo.

Jesús se declara, en Mateo 12:8, «Señor del sábado» —no su abolidor ni su simple observante, sino su autoridad definitiva—, y ofrece directamente, en Mateo 11:28-29, el reposo que la institución solo podía señalar: «venid a mí... y yo os haré descansar». Hebreos 4:9 anuncia que «resta un reposo sabático para el pueblo de Dios» —un sustantivo griego, sabbatismós, que aparece solo esa vez en todo el Nuevo Testamento—, y este libro identifica ese reposo final con el milenio: el séptimo milenio de la historia humana, correspondiente, según la escala de 2 Pedro 3:8, al séptimo día de la creación. Más allá del milenio mismo, sostiene el capítulo, espera todavía un reposo mayor: la nueva creación, descrita en Apocalipsis 21, donde el ciclo sabático entero encuentra su consumación definitiva y eterna.

CAPÍTULO 48

El diezmo: de la obligación a la generosidad gozosa

— * —

Este capítulo examina la historia del diezmo con una honestidad que pocas veces se aplica a un tema tan cargado de presión pastoral. El primer diezmo bíblico —el de Abram a Melquisedec, en Génesis 14:20— es un acto espontáneo de adoración, sin mandamiento previo. El diezmo levítico de Números 18:21, en cambio, tenía una función social muy concreta: sostener económicamente a la tribu de Leví, que no recibió herencia territorial, y el diezmo trienal de Deuteronomio 14:28-29 alimentaba específicamente al extranjero, al huérfano y a la viuda. Sumados los tres diezmos del Antiguo Testamento, calcula este libro, la carga real rondaba el veinte por ciento anual, no el diez que suele citarse de manera aislada.

El texto más invocado en defensa del diezmo contemporáneo, Malaquías 3:10, se dirige, recuerda este capítulo, a Israel bajo el pacto mosaico específico, convocando los productos agrícolas hacia el «alfolí» del templo de Jerusalén —una estructura que, con la destrucción del templo en el año 70, perdió por completo su mecanismo receptor—. Hebreos 7:12 confirma, según este libro, que «hubo también cambio de la ley» cuando el sacerdocio pasó de Leví a Cristo: el diezmo levítico no puede aplicarse literalmente cuando ya no existe el sacerdocio al que sostenía. El principio que sustituye al porcentaje fijo en el Nuevo Pacto, según 2 Corintios 9:7, es de naturaleza completamente distinta: «cada uno dé como propuso en su corazón... no con tristeza, ni por necesidad, porque Dios ama al dador alegre».

Conviene detenerse en ese principio neotestamentario, porque no rebaja la exigencia: la transforma. Los capítulos 8 y 9 de 2 Corintios, el tratado más extenso del Nuevo Testamento sobre la ofrenda, no fijan ningún porcentaje; en su lugar establecen cuatro criterios que van más allá de cualquier diezmo: dar según se ha prosperado y no por cuota fija, dar con alegría y no por presión, dar con generosidad sembrando «abundantemente» para segar igual, y dar como respuesta a la gracia recibida —«conocéis la gracia de nuestro Señor Jesucristo, que por amor a vosotros se hizo pobre» (2 Corintios 8:9)—. El modelo no es el contribuyente que paga lo mínimo, sino el Cristo que lo dio todo: medido con esa vara, el diezmo deja de ser un techo y se vuelve apenas un punto de partida. El capítulo cierra con el ejemplo de Zaqueo, que no prometió diezmar sino dar la mitad de todos sus bienes: la transformación genuina, concluye este libro, produce una generosidad que excede, casi siempre, cualquier porcentaje fijo que pudiera exigírsele.

CAPÍTULO 49

Fe y obras: ¿contradicción o complemento?

— * —

Pablo y Santiago, leídos de manera superficial, parecen contradecirse: «por gracia sois salvos por medio de la fe... no por obras» (Efesios 2:8-9) frente a «la fe, si no tiene obras, es muerta en sí misma» (Santiago 2:17). Este capítulo resuelve la tensión mostrando que ambos apóstoles responden a preguntas distintas. Pablo responde a «¿cómo obtiene el pecador la justicia delante de Dios?», y su respuesta es categórica: solo por fe, sin ninguna contribución de obras, «para que nadie se gloríe». Santiago responde a una pregunta diferente: «¿cómo se demuestra que una fe declarada es genuina?», y su respuesta es igualmente categórica: por el fruto visible que produce, porque «los demonios también creen, y tiemblan» (2:19) sin que ese asentimiento intelectual los salve.

La aparente colisión se disuelve por completo cuando se observa que ambos apóstoles apelan al mismo personaje —Abraham— y al mismo versículo —Génesis 15:6—, pero a momentos distintos de su vida. Pablo cita a Abraham creyendo a Dios en Génesis 15, décadas antes de tener a Isaac, para probar que la justificación es por la fe sola, antes y sin obras (Romanos 4:2-3). Santiago cita a Abraham ofreciendo a Isaac en Génesis 22 —el mismo Abraham, muchos años después— para probar que aquella fe verdadera, con el tiempo, se demostró en obediencia: «¿no fue justificado por las obras... la fe actuó juntamente con sus obras, y la fe se perfeccionó por las obras» (Santiago 2:21-22). No hay dos Abrahames ni dos vías de salvación: hay una sola fe, contemplada en su raíz por Pablo y en su fruto por Santiago.

La imagen que este libro propone para integrar ambas verdades es la de la semilla y el fruto: la fe es la semilla que contiene la vida; las obras son el fruto que demuestra, después, que esa semilla era genuina. No son las obras las que producen la fe, sino la fe genuina la que, inevitablemente, produce obras —la fórmula clásica de la Reforma, que este libro cita explícitamente, lo resume con precisión: «la fe que salva nunca está sola». Hebreos 11, el capítulo que enumera los héroes de la fe del Antiguo Testamento, confirma este patrón en cada uno de sus ejemplos: nunca aparece la fórmula «por la fe» sin un verbo de acción inmediatamente después. La aplicación pastoral que cierra este capítulo es doble: la salvación nunca se gana con obras, pero la ausencia total de fruto espiritual sostenido en el tiempo es, según este libro, motivo legítimo de examen propio.

CAPÍTULO 50

La mujer en el diseño eterno de Dios

— * —

Este capítulo recorre la presencia de la mujer en la Escritura desde la creación hasta la consumación final, comenzando por una afirmación que considera fundacional: «a imagen de Dios lo creó; varón y hembra los creó» (Génesis 1:27), un texto que establece, según este libro, la igualdad ontológica entre hombre y mujer en el primer capítulo de la Biblia, antes de cualquier distinción de roles. La expresión «ayuda idónea» (Génesis 2:18) recibe aquí una defensa filológica: la palabra hebrea ezer se usa en el resto del Antiguo Testamento, en su gran mayoría, para describir la ayuda que Dios mismo presta a Israel —no es, en ningún sentido razonable, un término de inferioridad, sino uno de los más nobles del vocabulario hebreo.

Conviene situar esta enseñanza contra el trasfondo del siglo primero, porque solo así se mide su fuerza. En el mundo grecorromano, la mujer carecía a menudo de personalidad jurídica plena, no podía testificar en muchos tribunales, y ciertas oraciones rabínicas agradecían a Dios no haber nacido mujer. Contra ese telón de fondo, el trato de Jesús resulta revolucionario: enseña teología a María sentada a sus pies como un discípulo (Lucas 10:39), recibe el sostén económico de un grupo de mujeres (Lucas 8:1-3), confía la primera proclamación de su resurrección a María Magdalena —en una cultura donde el testimonio de una mujer apenas contaba— y conversa abiertamente con la samaritana, a quien revela su identidad mesiánica. Pablo, lejos de degradar a la mujer, declara que «ya no hay varón ni mujer; porque todos vosotros sois uno en Cristo Jesús» (Gálatas 3:28), afirmando una igualdad de valor y de acceso a la salvación sin precedente en su tiempo —una igualdad ontológica que este libro distingue, con cuidado pastoral, de la cuestión separada de los roles, sin convertir ninguna de las dos en pretexto para anular la otra.

El capítulo encuentra en Génesis 3:15 —el «protoevangelio», la primera promesa redentora de toda la Biblia— una centralidad de la mujer en el plan de salvación que pocas veces se subraya lo suficiente: será «la simiente de la mujer», no la del hombre, quien aplastará la cabeza de la serpiente, una fórmula que este libro lee como anticipo directo del nacimiento virginal de Cristo. El recorrido continúa por figuras como Débora, jueza y profetisa; Rut, antepasada gentil del propio Mesías; y Ester, cuya valentía preservó a la nación de la que vendría la salvación; y culmina en la imagen escatológica final que la Escritura reserva para la mujer: la Iglesia entera, presentada como esposa gloriosa de Cristo «sin mancha ni arruga» (Efesios 5:27), y la Nueva Jerusalén misma, descrita como «la desposada, la esposa del Cordero» (Apocalipsis 21:9). El arco completo, concluye este capítulo, va de la ayuda idónea del Edén a la esposa glorificada de la eternidad —un itinerario, sostiene el libro, de dignidad creciente, no decreciente.

CAPÍTULO 51

La Trinidad: el Dios que se revela progresivamente

— * —

Este capítulo, que cierra la sección de cimientos doctrinales, aborda el misterio central de la identidad de Dios con el mismo método exegético aplicado al resto del libro. El plural «hagamos» de Génesis 1:26, sostiene este libro, no se explica satisfactoriamente como plural mayestático —una figura sin precedente claro en el resto del Antiguo Testamento— ni como referencia a los ángeles —que no comparten la imagen divina otorgada al ser humano—, sino como un indicio temprano de pluralidad dentro de la unidad divina, una pluralidad que el resto de la Escritura desarrollará progresivamente hasta su revelación plena en el Nuevo Testamento.

Conviene subrayar que la doctrina de la Trinidad no contradice el monoteísmo del Antiguo Testamento, sino que lo profundiza. El gran credo de Israel, la Shemá —«Oye, Israel: Jehová nuestro Dios, Jehová uno es» (Deuteronomio 6:4)—, emplea para «uno» la palabra hebrea ejad, que en otros lugares describe una unidad compuesta: una sola carne formada por dos personas (Génesis 2:24), un solo racimo de muchas uvas (Números 13:23). No es la palabra que designaría una unidad absolutamente indivisa. Así, cuando el Nuevo Testamento manda bautizar «en el nombre —singular— del Padre, y del Hijo, y del Espíritu Santo» (Mateo 28:19), no añade dioses al Dios único de la Shemá: revela que aquel «uno» fue siempre, misteriosamente, una unidad de tres Personas. Las analogías humanas —el agua en sus tres estados, el sol con su luz y su calor— ayudan apenas y, llevadas lejos, traicionan el misterio; este libro las menciona con la advertencia de que ninguna criatura puede ilustrar del todo a su Creador.

Las teofanías del Antiguo Testamento —Abraham en Mamré, Jacob en Peniel, Moisés «cara a cara» con Jehová— se resuelven, según este capítulo, con la afirmación de Juan 1:18: «a Dios nadie le vio jamás»; lo que los patriarcas vieron, sostiene este libro siguiendo a buena parte de la tradición cristológica clásica, no fue el Padre invisible sino el Hijo preexistente, «la imagen del Dios invisible» (Colosenses 1:15), manifestándose antes de su encarnación plena. El «Ángel de Jehová», que en varios pasajes habla en primera persona como Dios mismo, recibe la misma identificación. El Espíritu Santo, por su parte, aparece ya «moviéndose sobre la faz de las aguas» en Génesis 1:2, y su personalidad —no una fuerza impersonal, sino alguien que puede «entristecerse» (Isaías 63:10), ser «resistido» o «apagado»— queda establecida, según este libro, en ambos Testamentos.

El bautismo de Jesús (Mateo 3:16-17) recibe, en este capítulo, el lugar de prueba decisiva: el Hijo es bautizado, el Espíritu desciende «como paloma», y el Padre habla desde el cielo, tres centros de acción y consciencia distintos presentes en un solo evento histórico —una escena que, sostiene este libro, refuta con la misma fuerza tanto al modalismo, que reduce las tres personas a simples «modos» de un único actor, como al triteísmo, que las convertiría en tres dioses separados, violando el monoteísmo absoluto que el Antiguo Testamento estableció sin ambigüedad. «Un Dios en tres Personas co-iguales, co-eternas y co-esenciales»: con esta fórmula clásica, que recorre toda la historia del pensamiento cristiano, cierra este libro su exposición de los cimientos doctrinales sobre los que, según su propia arquitectura, descansa todo lo que las cinco partes anteriores enseñaron sobre el tiempo final.

EPÍLOGO

Mientras tanto, vigilad

— * —

Hemos recorrido un camino largo: desde la distinción entre dos palabras griegas en una sola carta de Pablo hasta el séptimo milenio de reposo bajo el reinado visible de Cristo; desde Enoc caminando con Dios hasta los veinticuatro ancianos depositando sus coronas ante un trono; desde el sueño de un rey babilónico hasta el último capítulo del libro más extraño y más esperanzador de la Biblia. Si algo ha intentado mostrar esta obra, con la coherencia que el lector ya habrá juzgado por sí mismo, es que la escatología bíblica no es un campo minado de especulación sino un sistema interpretativo capaz de leerse, de principio a fin, con la misma herramienta: dejar que la Escritura se explique a sí misma.

Pero un libro sobre el fin de los tiempos que termine únicamente en doctrina habría fallado en su propósito más importante. El nombre que da título a esta obra —Guardián en el Muro— no describe a un erudito ni a un estratega de calendarios proféticos: describe a un centinela. Su tarea no es predecir con precisión matemática el día exacto de los acontecimientos que la Escritura reserva, con toda intención, al conocimiento exclusivo del Padre. Su tarea es mantenerse despierto, conocer las señales lo suficiente para no alarmarse sin motivo ni dormirse sin cuidado, y anunciar lo que ve con la voz serena de quien confía en que la torre desde la que vigila no va a caer.

Si este libro ha cumplido su propósito, el lector que llega a esta última página no sale de él más temeroso del futuro, sino más despierto en el presente. No sale con un calendario de fechas que memorizar, sino con una pregunta que llevar consigo cada día: ¿cómo quiere Cristo encontrarme cuando regrese? La respuesta que toda esta obra ha intentado ofrecer, en sus seis partes y sus cincuenta y un capítulos, puede resumirse en cinco palabras que ya aparecieron en su penúltimo capítulo: velando, sirviendo, amando, perseverando, esperando con gozo.

«Ciertamente vengo en breve.» Esa es la última promesa que el Apocalipsis registra de boca de Cristo mismo. La última palabra de la Escritura entera, en respuesta, no es un cálculo ni una fecha: es una oración. «Amén; sí, ven, Señor Jesús» (Apocalipsis 22:20). No queda, después de tanto estudio, ninguna palabra mejor con la que cerrar este libro.

GLOSARIO DE TÉRMINOS ESCATOLÓGICOS

— * —

Abominación desoladora (gr. bdélygma tēs erēmōseōs): acto de profanación del Anticristo en el Templo de Jerusalén, a la mitad de la semana setenta de Daniel, cuando se proclama Dios. El término griego bdélygma designa algo detestable y repugnante ante Dios, en especial la idolatría (Daniel 9:27; Mateo 24:15; 2 Tesalonicenses 2:4).

Anticristo: figura escatológica individual también llamada «el hombre de pecado» (2 Tesalonicenses 2:3) y «la bestia» (Apocalipsis 13); no debe confundirse con los «muchos anticristos» históricos ni con el «espíritu del anticristo» que ya opera en cualquier época (1 Juan 2:18; 4:3).

Apántēsis: término griego de 1 Tesalonicenses 4:17 traducido «recibir»; designaba la comitiva oficial que salía a las afueras de una ciudad para recibir a un dignatario y escoltarlo de regreso, imagen del encuentro de la Iglesia con Cristo «en el aire».

Apostasía (gr. apostasía): «el apartarse»; deserción o abandono deliberado de la fe revelada, señalada en 2 Tesalonicenses 2:3 como una de las condiciones previas a la manifestación del Anticristo.

Arrebatamiento: la reunión de la Iglesia con Cristo «en el aire» (1 Tesalonicenses 4:17), entendida en este libro como anterior a la gran tribulación. Del verbo griego harpázō, «arrebatar, tomar de golpe».

Bēma: el tribunal de Cristo, exclusivo para creyentes, donde se evalúan obras para galardón, no para determinar la salvación. La palabra designaba el estrado desde el que el juez de los juegos entregaba la corona al vencedor (2 Corintios 5:10; 1 Corintios 3:12-15).

Cháragma: término griego para «marca» en Apocalipsis 13:16-18; el sello oficial romano que acreditaba pertenencia o culto, parodia de la consagración que Israel debía a Dios (Deuteronomio 6:8).

Dispensación: período en que Dios administra de manera distinta su relación con la humanidad, sin que cambie, en ninguno de ellos, el método de salvación por gracia mediante la fe.

Ejad: palabra hebrea para «uno» en la Shemá (Deuteronomio 6:4), que admite el sentido de unidad compuesta (Génesis 2:24), compatible con la revelación trinitaria.

Episynagōgē: término griego de 2 Tesalonicenses 2:1 y Hebreos 10:25 que designa la reunión de los santos con Cristo, distinta de la parousía.

Gran Trono Blanco: el juicio final de los no redimidos, posterior al milenio, según los libros y el Libro de la Vida (Apocalipsis 20:11-15).

Harpázō: verbo griego de 1 Tesalonicenses 4:17, «arrebatar, tomar con fuerza de golpe»; raíz del concepto de arrebatamiento (cf. Hechos 8:39; Apocalipsis 12:5).

Katechōn: «el que retiene» (2 Tesalonicenses 2:6-7), identificado en este libro con el Espíritu Santo obrando a través de la Iglesia, cuya remoción permite la manifestación plena del Anticristo.

Milenio: el reinado literal de mil años de Cristo en la tierra, posterior a la segunda venida (Apocalipsis 20:1-6).

Naós: el santuario interior del Templo, donde habita la presencia divina; distinto de hierón, el complejo completo. El Anticristo se sienta en el naós (2 Tesalonicenses 2:4).

Parousía: término griego que designa la venida visible y pública de Cristo al final de la tribulación, distinta del arrebatamiento; en el mundo grecorromano nombraba la visita oficial de un rey o dignatario.

Semana setenta: el período final de siete años de la profecía de Daniel 9:24-27, inaugurado por el pacto del Anticristo con Israel y dividido en dos mitades de tres años y medio.

Shemá: la confesión central de Israel —«Oye, Israel: Jehová nuestro Dios, Jehová uno es» (Deuteronomio 6:4)—, fundamento del monoteísmo bíblico.

Tagma: «orden, rango militar»; término de 1 Corintios 15:23 que indica que la resurrección ocurre por grupos sucesivos, cada uno en su turno.

Tribulación: el período de siete años de juicio sobre la tierra que sigue al arrebatamiento de la Iglesia, descrito en Apocalipsis 6 al 18.

EL MINISTERIO GUARDIÁN EN EL MURO

— * —

Diego Arturo Meza Ferreira dirige el ministerio de enseñanza bíblica «Guardián en el Muro», dedicado al estudio sistemático de la escatología bíblica desde una perspectiva pretribulacionista y dispensacionalista. A través de transmisiones periódicas y de un curso estructurado en cinco niveles progresivos —del que este libro es la versión completa y revisada—, el ministerio ha acompañado a cientos de estudiantes en el estudio verso por verso de Daniel, Mateo 24, las epístolas escatológicas de Pablo y el libro entero del Apocalipsis.

El ministerio se sostiene enteramente de ofrendas voluntarias y anónimas, sin cobrar matrícula ni exigir contraprestación alguna por su enseñanza, convencido de que el conocimiento de la Palabra de Dios sobre los tiempos finales no es un privilegio reservado a unos pocos, sino una herramienta de vigilancia y esperanza que la Iglesia entera necesita en la hora presente.

El alcance de este ministerio no se mide solamente en estudiantes inscritos. En los últimos doce meses, el contenido de Guardián en el Muro acumuló más de 6,1 millones de visualizaciones, 329.000 reacciones y 115.800 veces compartido en TikTok, una audiencia que sigue creciendo cada semana y que confirma algo que este libro intenta demostrar página por página: el hambre por una enseñanza bíblica seria sobre los tiempos finales no ha hecho más que aumentar.

Para más enseñanza, transmisiones en vivo y materiales del ministerio, visite www.guardianenelmuro.com.

Made in the USA
Coppell, TX
12 July 2026

84079206R00070